U0569819

学习贯彻
《关于推动现代职业教育高质量发展的意见》

周建松　郑亚莉　王　琦　主编

浙江工商大学出版社
ZHEJIANG GONGSHANG UNIVERSITY PRESS
·杭州·

图书在版编目(CIP)数据

学习贯彻《关于推动现代职业教育高质量发展的意见》/
周建松,郑亚莉,王琦主编. — 杭州:浙江工商大学出
版社,2022.6

ISBN 978-7-5178-4978-0

Ⅰ. ①学… Ⅱ. ①周… ②郑… ③王… Ⅲ. ①职业教
育－发展－研究－中国 Ⅳ. ①G719.2

中国版本图书馆 CIP 数据核字(2022)第 096198 号

学习贯彻《关于推动现代职业教育高质量发展的意见》
XUEXI GUANCHE《GUANYU TUIDONG XIANDAI ZHIYE JIAOYU
GAO ZHILIANG FAZHAN DE YIJIAN》

周建松　郑亚莉　王　琦 主编

责任编辑	王黎明
责任校对	张春琴
封面设计	朱嘉怡
责任印制	包建辉
出版发行	浙江工商大学出版社
	(杭州市教工路 198 号　邮政编码 310012)
	(E-mail:zjgsupress@163.com)
	(网址:http://www.zjgsupress.com)
	电话:0571-88904980,88831806(传真)
排　　版	杭州朝曦图文设计有限公司
印　　刷	浙江全能工艺美术印刷有限公司
开　　本	710 mm×1000 mm　1/16
印　　张	13.5
字　　数	175 千
版 印 次	2022 年 6 月第 1 版　2022 年 6 月第 1 次印刷
书　　号	ISBN 978-7-5178-4978-0
定　　价	56.00 元

习近平对职业教育工作的重要指示

　　中共中央总书记、国家主席、中央军委主席习近平近日对职业教育工作作出重要指示强调,在全面建设社会主义现代化国家新征程中,职业教育前途广阔、大有可为。要坚持党的领导,坚持正确办学方向,坚持立德树人,优化职业教育类型定位,深化产教融合、校企合作,深入推进育人方式、办学模式、管理体制、保障机制改革,稳步发展职业本科教育,建设一批高水平职业院校和专业,推动职普融通,增强职业教育适应性,加快构建现代职业教育体系,培养更多高素质技术技能人才、能工巧匠、大国工匠。各级党委和政府要加大制度创新、政策供给、投入力度,弘扬工匠精神,提高技术技能人才社会地位,为全面建设社会主义现代化国家、实现中华民族伟大复兴的中国梦提供有力人才和技能支撑。

　　——《人民日报》2021 年 4 月 14 日第 1 版

目 录

Contents——————————————————

第 一 编

政策与解读

中共中央办公厅 国务院办公厅
印发《关于推动现代职业教育高质量发展的意见》

近日,中共中央办公厅、国务院办公厅印发了《关于推动现代职业教育高质量发展的意见》,并发出通知,要求各地区各部门结合实际认真贯彻落实。

《关于推动现代职业教育高质量发展的意见》主要内容如下。

职业教育是国民教育体系和人力资源开发的重要组成部分,肩负着培养多样化人才、传承技术技能、促进就业创业的重要职责。在全面建设社会主义现代化国家新征程中,职业教育前途广阔、大有可为。为贯彻落实全国职业教育大会精神,推动现代职业教育高质量发展,现提出如下意见。

一、总体要求

（一）指导思想。以习近平新时代中国特色社会主义思想为指导，深入贯彻党的十九大和十九届二中、三中、四中、五中全会精神，坚持党的领导，坚持正确办学方向，坚持立德树人，优化类型定位，深入推进育人方式、办学模式、管理体制、保障机制改革，切实增强职业教育适应性，加快构建现代职业教育体系，建设技能型社会，弘扬工匠精神，培养更多高素质技术技能人才、能工巧匠、大国工匠，为全面建设社会主义现代化国家提供有力人才和技能支撑。

（二）工作要求。坚持立德树人、德技并修，推动思想政治教育与技术技能培养融合统一；坚持产教融合、校企合作，推动形成产教良性互动、校企优势互补的发展格局；坚持面向市场、促进就业，推动学校布局、专业设置、人才培养与市场需求相对接；坚持面向实践、强化能力，让更多青年凭借一技之长实现人生价值；坚持面向人人、因材施教，营造人人努力成才、人人皆可成才、人人尽展其才的良好环境。

（三）主要目标。到 2025 年，职业教育类型特色更加鲜明，现代职业教育体系基本建成，技能型社会建设全面推进。办学格局更加优化，办学条件大幅改善，职业本科教育招生规模不低于高等职业教育招生规模的 10％，职业教育吸引力和培养质量显著提高。

到 2035 年，职业教育整体水平进入世界前列，技能型社会基本建成。技术技能人才社会地位大幅提升，职业教育供给与经济社会发展需求高度匹配，在全面建设社会主义现代化国家中的作用显著增强。

二、强化职业教育类型特色

（四）巩固职业教育类型定位。因地制宜、统筹推进职业教育与普通教育协调发展。加快建立"职教高考"制度,完善"文化素质＋职业技能"考试招生办法,加强省级统筹,确保公平公正。加强职业教育理论研究,及时总结中国特色职业教育办学规律和制度模式。

(五)推进不同层次职业教育纵向贯通。大力提升中等职业教育办学质量,优化布局结构,实施中等职业学校办学条件达标工程,采取合并、合作、托管、集团办学等措施,建设一批优秀中等职业学校和优质专业,注重为高等职业教育输送具有扎实技术技能基础和合格文化基础的生源。支持有条件的中等职业学校根据当地经济社会发展需要试办社区学院。推进高等职业教育提质培优,实施好"双高计划",集中力量建设一批高水平高等职业学校和专业。稳步发展职业本科教育,高标准建设职业本科学校和专业,保持职业教育办学方向不变、培养模式不变、特色发展不变。一体化设计职业教育人才培养体系,推动各层次职业教育专业设置、培养目标、课程体系、培养方案衔接,支持在培养周期长、技能要求高的专业领域实施长学制培养。鼓励应用型本科学校开展职业本科教育。按照专业大致对口原则,指导应用型本科学校、职业本科学校吸引更多中高职毕业生报考。

(六)促进不同类型教育横向融通。加强各学段普通教育与职业教育渗透融通,在普通中小学实施职业启蒙教育,培养掌握技能的兴趣爱好和职业生涯规划的意识能力。探索发展以专项技能培养为主的特色综合高中。推动中等职业学校与普通高中、高等职业学校与应用型大学课程互选、学分互认。鼓励职业学校开展补贴性培训和市场化社会培训。制定国家资历框架,建设职业教育国家学分银行,实现各类学习成果的认证、积累和转换,加快构建服务全民终身学习的教育体系。

三、完善产教融合办学体制

（七）优化职业教育供给结构。围绕国家重大战略，紧密对接产业升级和技术变革趋势，优先发展先进制造、新能源、新材料、现代农业、现代信息技术、生物技术、人工智能等产业需要的一批新兴专业，加快建设学前、护理、康养、家政等一批人才紧缺的专业，改造升级钢铁冶金、化工医药、建筑工程、轻纺制造等一批传统专业，撤并淘汰供给过剩、就业率低、职业岗位消失的专业，鼓励学校开设更多紧缺的、符合市场需求的专业，形成紧密对接产业链、创新链的专业体系。优化区域资源配置，推进部省共建职业教育创新发展高地，持续深化职业教育东西部协作。启动实施技能型社会职业教育体系建设地方试点。支持办好面向农村的职业教育，强化校地合作、育训结合，加快培养乡村振兴人才，鼓励更多农民、返乡农民工接受职业教育。支持行业企业开展技术技能人才培养培训，推行终身职业技能培训制度和在岗继续教育制度。

（八）健全多元办学格局。构建政府统筹管理、行业企业积极举办、社会力量深度参与的多元办学格局。健全国有资产评估、产权流转、权益分配、干部人事管理等制度。鼓励上市公司、行业龙头企业举办职业教育，鼓励各类企业依法参与举办职业教育。鼓励职业学校与社会资本合作共建职业教育基础设施、实训基地，共建共享公共实训基地。

（九）协同推进产教深度融合。各级政府要统筹职业教育和人力资源开发的规模、结构和层次，将产教融合列入经济社会发展规划。以城市为节点、行业为支点、企业为重点，建设一批产教融合试点城市，打造一批引领产教融合的标杆行业，培育一批行业领先的产教融合型企业。积极培育市场导向、供需匹配、服务精准、运作规范的产教融合服务组织。分级分类编制发布产业结构动态调整报告、行业人才就业状况和需求预测报告。

四、创新校企合作办学机制

（十）丰富职业学校办学形态。职业学校要积极与优质企业开展双边多边技术协作，共建技术技能创新平台、专业化技术转移机构和大学科技园、科技企业孵化器、众创空间，服务地方中小微企业技术升级和产品研发。推动职业学校在企业设立实习实训基地、企业在职业学校建设培养培训基地。推动校企共建共管产业学院、企业学院，延伸职业学校办学空间。

（十一）拓展校企合作形式内容。职业学校要主动吸纳行业龙头企业深度参与职业教育专业规划、课程设置、教材开发、教学设计、教学实施，合作共建新专业、开发新课程、开展订单培养。鼓励行业龙头企业主导建立全国性、行业性职教集团，推进实体化运作。探索中国特色学徒制，大力培养技术技能人才。支持企业接收学生实习实训，引导企业按岗位总量的一定比例设立学徒岗位。严禁向学生违规收取实习实训费用。

（十二）优化校企合作政策环境。各地要把促进企业参与校企合作、培养技术技能人才作为产业发展规划、产业激励政策、乡村振兴规划制定的重要内容，对产教融合型企业给予"金融＋财政＋土地＋信用"组合式激励，按规定落实相关税费政策。工业和信息化部门要把企业参与校企合作的情况，作为各类示范企业评选的重要参考。教育、人力资源社会保障部门要把校企合作成效作为评价职业学校办学质量的重要内容。国有资产监督管理机构要支持企业参与和举办职业教育。鼓励金融机构依法依规为校企合作提供相关信贷和融资支持。积极探索职业学校实习生参加工伤保险办法。加快发展职业学校学生实习实训责任保险和人身意外伤害保险，鼓励保险公司对现代学徒制、企业新型学徒制保险专门确定费率。职业学校通过校企合作、技术服务、社会培训、自办企业等所得收入，可按一定比例作为绩效工资来源。

五、深化教育教学改革

(十三)强化双师型教师队伍建设。加强师德师风建设,全面提升教师素养。完善职业教育教师资格认定制度,在国家教师资格考试中强化专业教学和实践要求。制定双师型教师标准,完善教师招聘、专业技术职务评聘和绩效考核标准。按照职业学校生师比例和结构要求配齐专业教师。加强职业技术师范学校建设。支持高水平学校和大中型企业共建双师型教师培养培训基地,落实教师定期到企业实践的规定,支持企业技术骨干到学校从教,推进固定岗与流动岗相结合、校企互聘兼职的教师队伍建设改革。继续实施职业院校教师素质提高计划。

(十四)创新教学模式与方法。提高思想政治理论课质量和实效,推进习近平新时代中国特色社会主义思想进教材、进课堂、进头脑。举办职业学校思想政治教育课程教师教学能力比赛。普遍开展项目教学、情境教学、模块化教学,推动现代信息技术与教育教学深度融合,提高课堂教学质量。全面实施弹性学习和学分制管理,支持学生积极参加社会实践、创新创业、竞赛活动。办好全国职业院校技能大赛。

(十五)改进教学内容与教材。完善"岗课赛证"综合育人机制,按照生产实际和岗位需求设计开发课程,开发模块化、系统化的实训课程体系,提升学生实践能力。深入实施职业技能等级证书制度,完善认证管理办法,加强事中事后监管。及时更新教学标准,将新技术、新工艺、新规范、典型生产案例及时纳入教学内容。把职业技能等级证书所体现的先进标准融入人才培养方案。强化教材建设国家事权,分层规划,完善职业教育教材的编写、审核、选用、使用、更新、评价监管机制。引导地方、行业和学校按规定建设地方特色教材、行业适用教材、校本专业教材。

(十六)完善质量保证体系。建立健全教师、课程、教材、教学、实习实训、信息化、安全等国家职业教育标准,鼓励地方结合实际出台更高要求的地方标准,支持行业组织、龙头企业参与制定标准。推进职业学校教学工作诊断与改进制度建设。完善职业教育督导评估办法,加强对地方政府履行职业教育职责督导,做好中等职业学校办学能力评估和高等职业学校适应社会需求能力评估。健全国家、省、学校质量年报制度,定期组织质量年报的审查抽查,提高编制水平,加大公开力度。强化评价结果运用,将其作为批复学校设置、核定招生计划、安排重大项目的重要参考。

六、打造中国特色职业教育品牌

(十七)提升中外合作办学水平。办好一批示范性中外合作办学机构和项目。加强与国际高水平职业教育机构和组织合作,开展学术研究、标准研制、人员交流。在"留学中国"项目、中国政府奖学金项目中设置职业教育类别。

(十八)拓展中外合作交流平台。全方位践行世界技能组织2025战略,加强与联合国教科文组织等国际和地区组织的合作。鼓励开放大学建设海外学习中心,推进职业教育涉外行业组织建设,实施职业学校教师教学创新团队、高技能领军人才和产业紧缺人才境外培训计划。积极承办国际职业教育大会,办好办实中国—东盟教育交流周,形成一批教育交流、技能交流和人文交流的品牌。

(十九)推动职业教育走出去。探索"中文+职业技能"的国际化发展模式。服务国际产能合作,推动职业学校跟随中国企业走出去。完善"鲁班工坊"建设标准,拓展办学内涵。提高职业教育在出国留学基金等项目中的占比。积极打造一批高水平国际化的职业学校,推出一批具有国际影响力的专业标准、课程标准、教学资源。各地要把职业教育纳入对外合作规划,作为友好城市(省州)建设的重要内容。

七、组织实施

（二十）加强组织领导。各级党委和政府要把推动现代职业教育高质量发展摆在更加突出的位置，更好支持和帮助职业教育发展。职业教育工作部门联席会议要充分发挥作用，教育行政部门要认真落实对职业教育工作统筹规划、综合协调、宏观管理职责。国家将职业教育工作纳入省级政府履行教育职责督导评价，各省将职业教育工作纳入地方经济社会发展考核。选优配强职业学校主要负责人，建设高素质专业化职业教育干部队伍。落实职业学校在内设机构、岗位设置、用人计划、教师招聘、职称评聘等方面的自主权。加强职业学校党建工作，落实意识形态工作责任制，开展新时代职业学校党组织示范创建和质量创优工作，把党的领导落实到办学治校、立德树人全过程。

（二十一）强化制度保障。加快修订职业教育法，地方结合实际制定修订有关地方性法规。健全政府投入为主、多渠道筹集职业教育经费的体制。优化支出结构，新增教育经费向职业教育倾斜。严禁以学费、社会服务收入冲抵生均拨款，探索建立基于专业大类的职业教育差异化生均拨款制度。

（二十二）优化发展环境。加强正面宣传，挖掘宣传基层和一线技术技能人才成长成才的典型事迹，弘扬劳动光荣、技能宝贵、创造伟大的时代风尚。打通职业学校毕业生在就业、落户、参加招聘、职称评审、晋升等方面的通道，与普通学校毕业生享受同等待遇。对在职业教育工作中取得成绩的单位和个人、在职业教育领域作出突出贡献的技术技能人才，按照国家有关规定予以表彰奖励。各地将符合条件的高水平技术技能人才纳入高层次人才计划，探索从优秀产业工人和农业农村人才中培养选拔干部机制，加大技术技能人才薪酬激励力度，提高技术技能人才社会地位。

教育部就《关于推动现代职业教育高质量发展的意见》答记者问

日前，中共中央办公厅、国务院办公厅印发了《关于推动现代职业教育高质量发展的意见》(以下简称《意见》)，教育部有关负责人就《意见》有关问题回答了记者提问。

问：请介绍一下《意见》出台的背景和过程。

答：今年 4 月，全国职业教育大会召开。习近平总书记对职业教育工作作出重要指示，强调加快构建现代职业教育体系，培养更多高素质技术技能人才、能工巧匠、大国工匠。李克强总理作出批示，孙春兰副总理出席并发表讲话。大会的召开，充分体现了以习近平同志为核心的党中央对职业教育的高度重视，必将有力推动职业教育高质量发展，为全面建设社会主义现代化国家提供坚实的人才和技能支撑。

《意见》是贯彻落实全国职业教育大会精神的配套文件。《意见》起草过程中，开展了扎实的文献研究、专题研究、深度访谈、实地调研，听取了教育行政管理人员、职业院校负责人、师生和专家意见建议，形成《意见》初稿后，征求了有关部门意见。2021 年 4 月，提交全国职业教育大会讨论。会后，结合大会精神和会议分组讨论反馈意见建议，作了进一步修改完善。

问：请介绍一下《意见》的基本定位和考虑。

答：《意见》主要围绕贯彻落实习近平总书记重要指示和全国职业教育大会精神，定位于破除职业教育改革发展的深层次体制机制障碍，推动职业教育高质量发展。一是巩固职业教育类型定位。习近平总书记强调要优化职业教育类型定位。《意见》把类型定位作为谋划职业教育工作的逻辑起点，予以巩固和优化。二是构建现代职业教育体系。聚焦高质量发展,树立系统观念,强化职业中等教育的基础地位,高质量发展职业高等教育,稳步发展职业本科教育。三是服务技能型社会建设。要求通过加快建设国家重视技能、社会崇尚技能、人人享有技能的技能型社会,激励更多劳动者特别是青年一代走技能成才、技能报国之路。

问:请介绍一下《意见》的研制思路。

答:《意见》牢牢把握职业教育与普通教育"不同类型、同等重要",在研究教育规律、产业规律和技术技能人才成长规律基础上,着力使职业教育真正成为一种需求广泛、功能特定的教育类型。《意见》通过系统总结"职教20条"以来的改革经验,分析应该坚持和巩固什么,探究应该完善和发展什么,既坚持过去行之有效的政策举措,更向改革创新要动力,使中国特色现代职业教育体系充分展示出强大的自我完善能力和更为旺盛的生机活力。同时,对接教育强国建设和《中国教育现代化2035》对职业教育发展的目标要求,聚焦产教关系、校企关系、师生关系、中外关系,切实增强政策举措的针对性、可行性和有效性,通过统筹顶层设计和分层对接、统筹制度改革和制度运行,着力固根基、补短板、提质量,大幅提升职业教育现代化水平和服务能力。

问:请问《意见》的主要内容是什么?

答:《意见》全文共7个部分22条。第一部分"总体要求"。以习近平新时代中国特色社会主义思想为指导,明确坚持立德树人、德技并修,坚持产教融合、校企合作,坚持面向市场、促进就业,坚持面向实践、强化能力,坚持面向人人、因材施教等工作要求以及主要目标。第二部分"强化职业教育类型特色"。通过推动不同层次职业教育纵向贯通,促进不同类型教育横向融通,健全职普并行、纵向贯通、横向融通的培养体系,强化职业教育的类型特色。第三部分"完善产教融合办学体制"。围绕加强职业教育供给与产业需求对接,以市场需求为导向,动态调整职业教育的层次结构和专业结构,健全多元办学格局,协同推进产教深度融合。第四部分"创新校企合作办学机制"。坚持校企合作基本办学模式,通过不断丰富职业学校办学形态、拓展校企合作形式内容、优化政策环境,创新组织形式和运行机制,形成校企命运共同体。第五部分"深化教育教学改革"。通过强化双师型教师队伍建设、创新教学模式与方法、改进教学内容与教材、完善质量保证体系,构建新型师生关系,强化德技并修、工学结合。第六部分"打造中国特色职业教育品牌"。坚持扎根中国、融通中外,通过提升中外合作办学水平、拓展中外合作交流平台、推动职业教育走出去,增强国际话语权,讲好中国故事、贡献中国智慧。第七部分"组织实施"。要求发挥各级党委总揽全局、协调各方的领导核心作用,强化制度和经费保障、营造良好氛围,确保工作实效。

问:如何强化职业教育类型特色?

答:特色决定生命力。《意见》提出,从巩固职业教育类型定位、推进不同层次职业教育纵向贯通、促进不同类型教育横向融通三个方面强化职业教育类型特色。一是要因地制宜、统筹推进职业教育与普通教育协调发展,加快建立"职教高考"制度,完善"文化素质+职业技能"考试招生办法,加强省级统筹,加强职业教育理论研究。二是要大力提升中等职业教育办学质量,推进高等职业教育提质培优,稳步发展职业本科教育,一体化设计职业教育人才培养体系,推动各层次职业教育专业设置、培养目标、课程体系、培养方案衔接。三是要加强各学段普通教育与职业教育渗透融通,在普通中小学实施职业启蒙教育,推动中等职业学校与普通高中、高等职业学校与应用型大学课程互选、学分互认。制定国家资历框架,加快构建服务全民终身学习的教育体系。

问:请问如何深化产教融合?

答:深化产教融合对于全面提高职业教育质量、扩大就业创业、促进经济转型发展、培育经济发展新动能具有重要意义。要主动适应经济发展新形势和技术技能人才成长成才新需求,完善产教融合、协同育人机制。《意见》从三个方面提出完善产教融合办学体制的举措。一是优化职业教育供给结构。推动形成紧密对接产业链、创新链的专业体系,推进部省共建职业教育创新发展高地,持续深化职业教育东西部协作,启动实施技能型社会职业教育体系建设地方试点。二是构建政府统筹管理、行业企业积极举办、社会力量深度参与的多元办学格局。健全国有资产评估、产权流转、权益分配、干部人事管理等制度,鼓励各类企业依法参与举办职业教育,鼓励职业学校与社会资本合作共建职业教育基础设施、实训基地。三是协同推进产教深度融合。各级政府要将产教融合列入经济社会发展规划。建设一批产教融合试点城市,打造一批引领产教融合的标杆行业,培育一批行业领先的产教融合型企业。

问:请问如何推进职业本科教育稳步发展?

答:《意见》提出稳步发展职业本科教育,高标准建设职业本科学校和专业。职业本科教育正处在起步的关键阶段,必须坚持稳步发展,把握好发展节奏。下一步,我们将按照"高起点、高标准、高质量"的总要求,逐步完善学校和专业设置标准、专业目录、学位授予及评价机制等,引导学校坚持职业属性,遵循职业教育规律办学,重点把握好三对关系。一是把握好速度与质量的关系。一方面要强化顶层设计,将职业本科教育纳入教育事业整体规划,明确定位、清晰路径、有序发展;另一方面落实职业本科学校和专业设置标准,严格依规依标、把好学校设置的第一关,推进试点,提升现有职业本科学校办学质量,打造示范,遴选优质高职学校举办职业本科教育,形成一批可复制、可推广的经验模式,切实做到稳中求质。二是把握好规模与效益的关系。有序合理扩大职业本科教育规模,对于职业教育优化体系结构、补齐发展短板至关重要。但与此同时,要避免低水平重复建设,摆脱传统的靠规模上效益的思维定式和路径依赖。职业本科学校和专业优先在高端产业急需领域、新技术革命领域布局,优化学校人才供给和产业人才需求匹配度。三是把握好守正与创新的关系。"守正"就是要坚持职业教育类型定位,遵循职业教育办学规律;"创新"就是要率先推进育人方式、办学模式、管理体制、保障机制改革,发挥引领作用。一方面,坚持产教融合、校企合作、工学结合、知行合一的职业教育办学模式和育人模式不动摇,并不断强化职业教育类型特色。另一方面,坚持以人才培养质量为核心,带动专业、课程、师资、条件和文化建设,推动形成高水平技术技能人才培养体系。

问:怎样落实《意见》推动现代职业教育高质量发展?

答:为确保《意见》落实落地,推动现代职业教育高质量发展,一是要加强组织领导。各级党委和政府要把推动现代职业教育高质量发展摆在更加突出的位置,更好支持和帮助职业教育发展。职业教育工作部门联席会议要充分发挥作用。国家将职业教育工作纳入省级政府履行教育职责督导评价。各省将职业教育工作纳入地方经济社会发展考核。二是要强化制度保障。加快修订职业教育法,地方结合实际制定修订有关地方性法规。新增教育经费向职业教育倾斜。严禁以学费、社会服务收入冲抵生均拨款。三是要优化发展环境。加强正面宣传,弘扬劳动光荣、技能宝贵、创造伟大的时代风尚。打通职业学校毕业生在就业、落户、参加招聘、职称评审、晋升等方面的通道,与普通学校毕业生享受同等待遇。加大技术技能人才激励力度,提高技术技能人才社会地位。

推动现代职业教育高质量发展

陈子季

实现高质量发展是我国经济社会发展历史、实践和理论的统一，也是我国经济社会今后一个发展阶段的主题。职业教育与经济联系紧密，必须围绕这个主题，应势而谋、因势而动、顺势而为，奋力推进现代职业教育高质量发展。

应势而谋就是要从"大变局"中看准"大趋势"。推动职业教育高质量发展，必须着眼当今世界的"大变局"，科学预判未来的"大趋势"。

"大变局"对职业教育提出新要求。习近平总书记多次指出，"当今世界正经历百年未有之大变局"。国际格局和国际体系正在发生深刻调整，世界经济重心正在加快"自西向东"位移，新一轮科技革命和产业变革正在重塑世界，综合国力的竞争更加激烈。立足新发展阶段，贯彻新发展理念，构建新发展格局，推动高质量发展，开启全面建设社会主义现代化国家新征程，需要大批拔尖创新人才，需要数以亿计的高素质技能人才，把先进的技术设备转化为生产力。

"大趋势"是对职业教育层次结构重心上移的预判。一是随着人工智能的兴起和运用，产业智能化水平不断提升，产业结构出现高级化和融合趋势，调整职业教育层次结构和专业结构成为必然。二是由于经济社会快速发展，学历教育结构重心上移，扩大高等职业教育规模已成为刚需。三是从世界职业教育发展趋势来看，以高等职业教育为主将成为我国职业教育发展的方向和结果。推进现代职业教育高质量发展，必须适应层次结构重心上移的"大趋势"，加快推进劳动密集型产业向知识和技术密集型产业转型，助力制造强国、质量强国建设。

因势而动就是要把"大有可为"的期盼变成"大有作为"的生动实

践。推动职业教育高质量发展，要抢抓"大有可为"的历史机遇，正视"大有空间"的现实差距，努力在新时代"大有作为"。

"大有可为"是因为在全面建设社会主义现代化国家的新征程上，职业教育肩负着培养更多高素质技术技能人才、能工巧匠、大国工匠的重大任务，肩负着促进教育公平、提高大众就业创业能力、增强致富本领、扩大中等收入群体的重大使命，肩负着为不同社会群体提供个性化、多样化成长成才路径的重大职责。

"大有空间"是因为在国家层面上，职业教育顶层设计不健全、管理体制不顺畅，制度完善和体系构建还有很大空间；在社会层面上，人们对职业教育仍存偏见，技术技能人才的社会地位和待遇有待提高，改善职业教育外部环境还有很大空间；在地方层面上，职业教育深度融入区域发展自觉性不足，培养地方"留得住、用得上"的人才、服务区域经济社会发展还有很大空间；在学校层面上，部分职业学校同企业、产业结合不紧密，办学特色不鲜明，提高办学水平、提升教学质量还有很大空间。

顺势而为就是要以"大改革"促进"大发展"。推动职业教育高质量发展，要以"大改革"促进"大发展"。

"大改革"是职业教育高质量发展的策略。当前是职业教育提质培优、增值赋能的关键期，我们既要从"大变局"中看准"大趋势"，又要把"大有可为"的期盼变成"大有作为"的生动实践，全面实施职业教育"1234"战略。"1"是重塑职业教育新生态的总目标；"2"是提高质量、改善形象两项任务；"3"是发挥政府、学校、市场三大主体作用；"4"是实施好增强吸引力、提升软实力、提高硬实力、扩大影响力四条路径。

"大发展"是职业教育高质量发展的具体抓手。从政治上看职业教育，以习近平新时代中国特色社会主义思想为根本遵循；从民生上抓职业教育，着力解决人民群众"急难愁盼"的职业教育问题，让职业教育变得更有温度；在世界格局中谋划职业教育，把中国发展职业教育的实践经验上升为制度模式,提供职业教育的"中国方案";从机制方法上凝心聚力、攻坚克难,锚定当前现实紧迫的问题,疏堵点、破难点、补断点,一点点突破、一步步前进,切实提升职业教育软实力、硬实力、吸引力和影响力,充分发挥政府、学校、市场三大主体作用,集中攻克"提高质量、改善形象"两项硬任务,奋力实现重塑职业教育新生态的总目标。

百年恰是风华正茂。面向未来,我们要推进部委统筹、司局协同、央地联动,平衡好国家、市场和个人需求的关系,同心、同向、同行,推动现代职业教育高质量发展,在全面建设社会主义现代化国家新征程中体现新担当、实现新突破、展现新作为。

(作者陈子季为教育部职业教育与成人教育司司长,本文发表于《教育家》2021 年 12 月刊第 51 期)

深入学习领会党的十九届六中全会精神
全力推进现代职业教育高质量发展

刘建同

一、深入学习领会党的十九届六中全会精神

(一)深刻认识党的十九届六中全会重大意义

在迈向全面建设社会主义现代化国家新征程的重要历史节点,党中央召开十九届六中全会,全面总结党的百年奋斗重大成就和历史经验,指出了党百年奋斗的历史意义,确立了习近平同志党中央的核心、全党的核心地位和习近平新时代中国特色社会主义思想的指导地位,对新时代党和国家事业发展、对推进中华民族伟大复兴历史进程具有决定性意义。全会审议通过的《中共中央关于党的百年奋斗重大成就和历史经验的决议》(以下简称《决议》),融汇了百年来中国共产党践行为中国人民谋幸福、为中华民族谋复兴的初心使命所进行的奋斗、牺牲和创造,深刻揭示了"过去我们为什么能够成功、未来我们怎样才能继续成功",是一篇马克思主义的纲领性文献,是党和国家事业迈入第二个百年的精神指引和行动指南,是我们走好新时代赶考路的科学指引。[1]

(二)百年职教为党和国家事业做出重要贡献

党带领全国各族人民百年奋斗,创造了伟大的历史成就,书写了中华民族几千年历史上最恢宏的史诗,我们党创造了经济快速发展和

17

社会长期稳定两大奇迹,中国用几十年走过西方几百年走过的路。在党的领导下,职业教育作为史诗中的组成篇章,为服务党和国家事业发展、培养高素质技术技能人才、扩大中等收入群体、提高劳动者受教育年限做出了重要贡献[2]。

党始终高度重视发展职业教育。党的十八大以来,在以习近平同志为核心的党中央关心支持下,我国现代职业教育取得了举世瞩目的重大成就:一是建成了世界最大规模的职业教育,截至 2020 年,全国职业院校共有 1.15 万所,在校学生有 2734.89 万人;[3] 二是布局了世界最多区域的职业院校,实现全国职业院校 31 个省 333 个市 2846 个县全覆盖;[4] 三是构建了中国特色的现代职业教育体系,从 2014 年的《国务院关于加快发展现代职业教育的决定》[5] 到 2021 年的《中共中央办公厅国务院办公厅关于推动现代职业教育高质量发展的意见》[6],职业教育政策不断完善,建设具有中国特色、世界水平的现代职业教育体系的目标稳步推进;[7] 四是培养了世界最大规模的职业教育师资;五是研制了紧跟科技和产业变革的新版职教目录,包括 19 大类、97 个专业类、1349 个专业;六是培养了近亿技术技能人才,"十三五"以来,年均向社会输送 1000 万左右毕业生,这些毕业生已成为我国现代制造业、战略性新兴产业、现代服务业的中坚力量;七是服务了脱贫攻坚战和乡村振兴战略;八是支撑了就业结构性变化,现代制造业和新兴产业一线新增从业人员 70% 以上来自职业院校的毕业生;[8] 九是助力分配结构优化和共同富裕;十是促进教育公平,为人人享有出彩的机会创造了条件。

(三)新发展理念引领职业教育高质量发展

贯彻新发展理念是关系我国发展全局的一场深刻变革,不能简单以生产总值增长率论英雄,必须实现创新成为第一动力、协调成为内生特点、绿色成为普遍形态、开放成为必由之路、共享成为根本目的的高质量发展,推动经济发展质量变革、效率变革、动力变革。[9]进入中国特色社会主义新时代,以习近平同志为核心的党中央举旗定向、掌舵领航,立足"两个大局",保持发展定力,坚定走自己的路,办好自己的事,将马克思主义与中国实践相结合、与中华优秀文化和中国精神相结合,推动社会主义发展理论、经济理论、科技理论、教育理论等的创新,实现了马克思主义的新飞跃。

当前,高质量发展是时代主题,六中全会总结的党的百年奋斗重大成就和历史经验,是新征程职业教育高质量发展的历史坐标。必须深刻理解高质量发展的内涵,始终把职业教育放在"两个大局"中考量,认清进入新发展阶段的历史方位,完整、准确、全面贯彻新发展理念,服务构建新发展格局。以习近平新时代中国特色社会主义思想为指导,瞄准强国建设目标,根植中国文化丰厚的土壤和广阔天地,把论文写在中国大地上,写在助推制造业转型升级中,写在服务数字化转型、智能化制造、智慧化社会的发展中,写在实现人人出彩、技能报国的伟大实践中,建设高质量现代职业教育体系,书写中国特色职业教育方案,构建中国特色职业教育理论体系。

(四)坚定职业教育文化自信和类型自信

文化自信是更基础、更广泛、更深厚的自信,是一个国家、一个民族发展中最基本、最深沉、最持久的力量,没有高度文化自信、没有文化繁荣兴盛就没有中华民族伟大复兴。[10]中国共产党的百年奋斗创造了人类文明的新形态,中国统筹疫情防控和经济社会发展,彰显了国家制度和治理能力的强大优势,坚定了中国人民的制度自信、理论自信、道路自信和文化自信。尤其是文化自信,这是我们取得重大历史成就的伟大力量之源。与此同时,中国实体经济展现出强大韧性,中国产业链和供应链稳定成为全球经济的"稳定器"和"压舱石",中国制造业在全球产业链和供应链中具有不可撼动的中心地位,一个重要因素就是源

自中华文明注重实业兴国的文化基因。中国在农耕时代便产生了鲁班艺术、工匠文化、墨子数学光学等职业教育的初步形态,并由此缔造了数千年的大国经济的辉煌历史。

唤醒中国职业教育文化自信是构建中国特色现代职业教育体系的灵魂、命脉。五千年中华文明,注重实业的理念一脉相承,工匠精神就是对制造业、手工业的重视,匠心文化是中国工业门类齐全、实体经济厚重勃发的文化之源。迈进新征程,职业教育要提高政治站位、文化站位、历史站位,要深入研究人类的工业文明史,挖掘实业兴国文化之源,唤起职业教育文化自信和类型自信,担当起为中华民族伟大复兴培养人才的重任,以伟大建党精神指引培养知识技术技能人才。加强现代职业教育文化建设的理论研究和实践探索,挖掘中国两千多年职业教育文化的优秀基因,阐释新时代职业教育文化自信的深刻内涵,推进在新技术革命背景下的传承与发展。放眼千年,在新征程上书写好职业教育新的历史。

(五)答好"培养什么人、怎样培养人、为谁培养人"根本之问

六中全会号召全党要牢记"中国共产党是什么、要干什么"这个根本问题,把握历史发展大势,坚定理想信念,牢记初心使命。[11]党开启了第二个百年的赶考之路,现代职业教育也踏上了建设第二个百年新的赶考之路。职业教育战线要深入学习领会党的十九届六中全会精神,认清时代方位,提高政治站位,承担历史使命,"以中国共产党是什么、要干什么"这个根本问题为指引,从世界百年未有之大变局,从党和国家事业发展全局的战略高度思考"现代职业教育是什么、要干什么",回答好职业教育"培养什么人、怎样培养人、为谁培养人"根本之问,[12]着力提高人力资本供给的总量和质量,推进技能型社会建设,努力实现人人皆可成才、人人都能出彩的美好愿景。

党的十八大以来,习近平总书记对职业教育工作作出一系列重要

指示。[13]2021 年 4 月,习近平总书记强调指出,要增强职业教育适应性,加快构建现代职业教育体系,培养更多高素质技术技能人才、能工巧匠、大国工匠。[14]这是新征程中职业教育人才培养的根本定位。习近平总书记还把技术技能人才作为我国建设全球人才高地的重要内容。为此,必须深刻理解高素质技术技能人才、能工巧匠、大国工匠的核心内涵,立足服务数字化转型、智能化升级、绿色化发展,大力培养适应科技进步和生产方式变革、能够胜任生产和服务一线需要、适应数字经济时代发展要求的社会主义合格建设者和接班人。要瞄准"十四五"强国建设目标,[15]提升人才培养规格和人才定位,坚持用习近平新时代中国特色社会主义思想教育人,用党的理想信念凝聚人,用社会主义核心价值观培育人,用中华民族伟大复兴历史使命激励人,培养造就大批堪当历史重任的时代新人。

二、立足第二个百年,勇担新时代的历史使命

(一)全面加强党的领导是职业教育的政治保证,总结中国共产党百年奋斗的历史经验,最重要的就是坚持党的领导

2021 年,习近平总书记在对职业教育工作的重要指示中指出,"在全面建设社会主义现代化国家新征程中,职业教育前途广阔、大有可为。要坚持党的领导,坚持正确办学方向,坚持立德树人"[16],深刻阐释了新征程中职业教育高质量发展的政治要求。党的领导是中国特色职业教育最本质的特征,坚持社会主义办学方向关系我国职业教育事业兴衰成败和现代化强国建设全局。只有坚持党的领导,才能确保中国特色职业教育沿着社会主义办学方向不断开拓创新。

奋进新征程,必须毫不动摇地坚持和加强党对职业教育工作的全面领导,把党的政治建设摆在首位,不断增强"四个意识",坚定"四个自信",坚决做到"两个维护",将"中国共产党是中国特色社会主义事业的

领导核心""坚持党对一切工作的领导"的思想融入事业发展的全过程。从思想上、政治上、行动上同以习近平同志为核心的党中央保持高度一致,坚持以习近平新时代中国特色社会主义思想,特别是将习近平总书记关于教育的重要论述和对职业教育工作的重要指示批示,作为现代职业教育高质量发展的根本遵循和行动指南。把握新的时代方位和历史起点,认真践行"为党育人、为国育才"的历史使命,积极投身于教育强国建设,为全面建设社会主义现代化国家、实现中华民族伟大复兴的中国梦提供有力的人才和技能支撑。

(二)职业教育是助力科技强国建设的重要力量

党坚持实施创新驱动发展战略,把科技自立自强作为国家发展的战略支撑,健全新型举国体制,强化国家战略科技力量,加强基础研究,推进关键核心技术攻关和自主创新。[17]习近平总书记高度重视关心科技的新发展新突破,在 2016 年杭州 G20 峰会上中国以主席国的身份提出了数字经济重大议题,[18]2017—2021 年,习近平总书记带领中央政治局全体同志先后集体学习研究了大数据、人工智能、区块链、量子科技、碳达峰和碳中和、生物安全、数字经济等前沿科技的发展趋势和应用前景,引领我们走上创新发展之路。

面向世界科技前沿,职业教育承担着助力科技强国建设的重要使命。为此,我们必须深入研究并紧紧对标世界新兴科技创新发展、"卡脖子"关键核心技术、新一代信息技术赋能传统产业的趋势,努力提高职业教育的前瞻性、引领性、适应性,将职业教育纳入科研链,建设科技成果转化的"中试车间",破解"科技产业两张皮"问题。要推动职业院校专业建设与产业转型升级相适应,围绕新材料与应用技术、工业互联网技术、柔性电子技术、智能网联汽车工程技术、智能环保装备技术、稀土材料技术等新专业,促进职业教育加速向数字化、智能化转型,聚焦培养具有"科技向善、以人为本"情怀、服务生产一线的高素质技术技能人才和具有成果转化能力的行业应用人才,着力提升我国技术技能人才的培养质量,发挥职业教育在国家工业体系和科技创新体系中的重要支撑作用,为加快建设创新型国家和世界科技强国贡献职教力量。

(三)职业教育是国家宏观经济政策的重要组成

六中全会指出,改革开放以来,我党紧紧扭住经济建设这个中心,创造出经济快速发展奇迹。[19]全面实施供给侧结构性改革,推进制造强国建设,加快发展现代产业体系,壮大实体经济,发展数字经济,离不开大量高素质技术技能人才、能工巧匠、大国工匠的有力支撑。习近平总书记强调,技术工人队伍是支撑中国制造、中国创造的重要力量。职业教育担负着培养技术技能人才的重任,是实现制造强国、数字强国等强国建设任务的主力军。人社部、工信部发布的《制造业人才发展规划指南》显示:中国制造业十大重点领域 2020 年的人才缺口超过 1900万人,2025 年这个数字将接近 3000 万人,缺口率高达 48%。先进制造业需要的是具有数字化知识结构、数字化技术技能的人才。为此,职业教育必须全面改革、创新、升级,重构技术技能人才的知识结构。

面向经济主战场,要求职业教育必须着力服务现代产业体系建设。教育规律服从产业规律,产业规律决定教育规律。职业教育是服务面最为广泛的教育,其专业覆盖了 41 个大工业门类体系,涵盖了国民经济各个领域,面对成千上万的工作岗位,尤其是制造业和制造服务业、九大新兴战略性产业以及乡村振兴等重大战略所需岗位。职业教育要顺应数字化转型、智能化升级、绿色化发展趋势,尤其是以数字化技能为主的新产业、新业态、新模式、新职业,培养高素质技术技能人才。迈入第二个百年,中国要实现产业基础高级化、产业链供应链现代化,要求职业教育必须跟上,以服务支撑制造强国建设、巩固壮大实体经济根基、解决"卡脖子"核心技术,进一步提升对经济发展的贡献率。

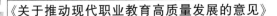

(四)职业教育是调整优化教育结构的基础措施

随着我国进入高质量发展新阶段,教育结构、人才结构、治理结构等都要与之相适应。习近平总书记指出,要优化职业教育类型定位,办好本科职业教育。这是调整优化高等教育结构,构建适应国家生产力发展阶段的教育结构,也是调整国家的人力资本结构。"十四五"期间,高等教育将在普及化条件下运行,最重要的是调整结构、提高质量。要紧跟党中央国务院的重大决策部署,用数字思维、经济思维、产业思维来推动职业教育发展。要遵循经济发展规律、产业转型规律、技术技能人才培养规律,优化同新发展格局相适应的教育结构、学科专业结构、人才培养结构,促进教育链、人才链与产业链、创新链有效衔接,提高职业教育人才培养的适应能力。面向国家重大需求,要进一步深化教育供给侧结构性改革,建立适配于社会主义现代化国家建设新征程的教育结构,推动职业教育高质量发展。一是优化类型结构。研究表明,德国高等教育阶段应用型、技术技能型人才占比 70%,瑞士占比 80%,而我国还比较低,必须加快转型步伐。优化专业结构,聚焦国家紧缺技术技能人才,解决就业结构性矛盾,更加注重专业设置与岗位、职业、产业的对接,推动专业结构、人才结构与国家产业结构、需求结构相适应、相匹配。二是优化区域结构。职业教育根据国家关于京津冀、粤港澳大湾区、长三角一体化、成渝经济圈、东北老工业基地振兴等区域经济布局,不断改造升级,以更好培养适应区域经济结构需要的技术技能人才,特别是培养服务于专精特新中小企业的人才需求,不断使职业教育"同党和国家事业发展要求相适应,同人民群众期待相契合,同我国综合国力和国际地位相匹配"。

(五)职业教育是助力实现共同富裕的重要举措

满足人民群众对美好生活的向往是党的奋斗目标。六中全会指出,坚持人民至上,坚持发展为了人民、发展依靠人民、发展成果由人民共享,坚定不移走全体人民共同富裕道路。[20]在全面建成小康社会,开启实现第二个百年奋斗目标的新发展阶段,党提出了推进共同富裕的伟大目标,充分体现了中国特色社会主义制度的优越性。习近平总书记强调,着力扩大中等收入群体规模,并将技术工人作为扩大中等收入群体的重要内容,要求加大技能人才培养力度,提高技术工人工资待遇,吸引更多高素质人才加入技术工人队伍。"十四五"时期,我国制造业要走向产业链高端、价值链高端,要锻造长板、补齐短板,保障产业链供应链安全,需要大量站在生产服务一线的高素质技术技能人才、能工巧匠、大国工匠,要求职业教育必须加快变革,以提高人才培养的适应性。

职业教育是改善人民生活品质、调整收入分配结构的民生工程。要推动建设技能型社会,加快构建面向全体人民、贯穿全生命周期、服务全产业链的职业教育体系,[21]努力满足在新征程中人民对高水平生活、高质量健康、高品质体验的新需求。共同富裕需要共同奋斗,幸福是奋斗出来的,要在全社会弘扬鼓励奋斗的风气,弘扬"劳动光荣、技能宝贵、创造伟大"的社会风气,打造职业教育发展的新生态。推动职业教育实现高质量发展,使职业院校毕业生实现高质量就业、稳定就业,成为扩大中等收入群体的有生力量,成为畅通阶层流动的重要助力。

(六)职业教育是构建人类命运共同体的重要助力

《决议》指出,党的百年奋斗深刻影响了世界历史进程。习近平总书记站在中华民族伟大复兴战略全局和世界百年未有之大变局的高度,以大国领袖的深邃思考,创造性地提出了建设人类命运共同体理念,为世界贡献了中国智慧、中国方案、中国力量,成为推动人类发展进步的重要力量。[22]尤其是面对全球疫情肆虐、气候变暖、减贫与增长等一系列重大挑战,中国的发展成为世界的机遇,建设人类命运共同体理念更加深入人心。习近平总书记将职业教育作为国际交流合作的重要内容,在许多重要国际会议上不断提出职业教育合作新举措,倡议建立金砖国家职业教育联盟,举办职业技能大赛,为五国职业院校和企业搭建交流合作平台;同东盟加强职业教育、学历互认等合作;实施"未来非洲—中非职业教育合作计划",继续同非洲国家合作设立"鲁班工坊"等。

职业教育是构建人类命运共同体的应有之义。联合国《2030 年可持续发展议程》将职业教育列为重要内容。要充分发挥职业教育在服务国际产能合作和中外人文交流中的重要作用。在构建人类命运共同体框架下,坚持共商共建共享理念,对接合作国家的产业需求,紧跟科技进步发展趋势、对接数字化转型岗位需求、瞄准数字经济,以就业为导向,通过学历教育与职业培训相结合的方式,提升人力资源开发质量。搭建职业教育数字共享平台,促进职业教育公平可及,以技能转型助力全球减贫;提升职业教育的贡献力,以技能合作来支撑和推动经济增长。着力打造职业教育技能共同体,为人类命运共同体建设搭建实践平台,培养国际化知识技能人才。以职业教育高质量发展更好服务经济高质量发展和"一带一路"倡议,贡献职业教育中国智慧、中国标准和中国方案,创造并丰富新世纪中华文明与世界文明的灿烂图景。

三、服务"四个面向"推动职业教育高质量发展

新征程、新使命、新作为。中国职教学会第五届理事会换届以来,坚持以习近平新时代中国特色社会主义思想为指导,立足新发展阶段、贯彻新发展理念、融入新发展格局,对标"十四五"发展规划和 2035 年远景目标纲要,坚持面向世界科技前沿、面向经济主战场、面向国家重大需求、面向人民生命健康,紧紧围绕教育部党组工作部署,[23]坚持

"政治强会、学术立会、服务兴会、依法治会"的工作方针,重点打造了高端论坛、智库建设、教师说课、职教博览等"十大工作载体"。特别是今年以来,中国职教学会认真学习宣传和贯彻落实习近平总书记对职业教育工作的重要指示和全国职业教育大会精神,瞄定适应性和高质量发展,全力推进中国特色现代职业教育体系建设。[24]

(一)坚持党建引领,落实立德树人根本任务

中国职教学会坚持走"政治强会"之路,始终坚持党对职业教育工作的全面领导,自觉提高政治站位和全局站位。通过搭建工作载体,坚决把党的领导全面落实到学会工作的各个方面,服务构建时代新人培育新格局。学会将课程思政和立德树人作为所有分支机构的两大重要任务,用百年大党的精神谱系,把立德树人根本任务融入思想道德教育、知识技能教育、实践活动教育各环节,培根铸魂、启智润心,教育青年学生胸怀国之大者,抓好后继有人这个根本大计。充分发挥党建工作委员会引领作用,办好全国职业院校党委书记论坛,做好"我来讲党课"微视频活动等工作,以全面提升职教战线党建工作水平。重塑德育工作委员会,打造职业院校立德树人、铸魂育人平台,推出了一批好老师、好学生。依托职业教育文化自信工作委员会,办好新时代卓越匠心文化论坛,提振职业教育文化自信。

(二)紧跟科技进步,加速职教新版专业落地

中国职教学会瞄准技术变革和产业优化升级,精准服务"四个面向",将新版专业目录作为增强职业教育适应性、构建高质量职业教育体系的切入点,通过数字化说课、前沿科技培训、高端论坛等活动,高标准加快推动新版专业目录落地。重构职业教育知识体系、技术体系和技能体系,倒逼职业院校系统化、体系化、结构化改革,提升职业教育人才培养质量。研究制定新版专业简介和专业教学标准框架,进一步彰

显类型教育特色。组织院士、专家全方位深度解读专业升级背后的理论依据和科技驱动力量。继续举办"开启新征程：解读落地新专业"等活动，加大宣传力度。深化"三教"改革，从工业互联网、智能制造等场景切入，推动教学改革、教材建设，重构课程体系等，围绕新版专业 19 个大类，系统设计和举办系列数字化说课活动。举办 AI＋新职业、微电子、工业互联网、增材制造等新技术培训，提升职教师资数字化教学能力。推动职业教育补知识化短板工作，为职业院校毕业生奠定终身发展基础。

（三）立足智库建设，推动职业教育理论创新

中国职教学会花大力气努力夯实"学术立会"根基，把握新发展阶段的时代方位，以新发展理念引领职业教育改革创新，从党和国家事业发展全局的战略高度，围绕"职业教育是什么、为什么"这个根本问题，切实增强职业教育的适应性。提高智库站位，深入学习贯彻习近平总书记对职业教育工作的重要指示和关于数字经济、人工智能、大数据、区块链等新技术的重要论述，探索现代职业教育服务高质量发展的模式和路径。紧盯科技前沿，策划举办光子智造、智慧农业、新能源汽车等高端论坛，打造职业教育新技术、新理念前沿阵地。加强职业教育知识技术技能建设、职业能力重构等研究，扎实推进中国特色类型教育的理论研究和实践创新。出好智库成果，对标强国建设目标任务，布局重大课题，为提升职业教育适应性提供智力支持。建设职业教育新技术培训案例库。办好"中国职教大讲堂""中国职教云说课"。

（四）打造工作载体，服务国家重大发展战略

分支机构是智库型学会建设的重要载体和抓手。中国职教学会以国家重大发展战略为牵引，瞄准强国建设目标，以服务解决"卡脖子"技术攻关与发展先进制造业为重点，构建适配新发展格局的战略性工

作载体,培养国家急需的高素质技术技能人才。学会现有 39 家分支机构,已形成"党建引领、科技支撑、文化铸魂"的协同发展格局,即以党建工作委员会、德育工作委员会为引领,以科技成果转化工作委员会、微电子技术专业委员会、智能轨道交通专业委员会、智慧物联网专业委员会、数字商务专业委员会、智慧财经专业委员会、高端装备制造专业委员会、乡村振兴与城市可持续发展工作委员会等工作载体为支撑,以职业教育文化自信工作委员会固本铸魂。发挥分支机构行业智库作用,着眼国家重大需求、行业发展需求,就如何培养适应新经济、新技术、新职业要求的高素质技术技能人才、能工巧匠、大国工匠开展创新实践。

(五)坚持跨界融合,重塑职教发展社会生态

中国职教学会把类型建设作为完善现代职业教育体系的基本逻辑,坚持跨界融合,跳出职教看职教,动员凝聚社会各界力量关注、支持并参与职业教育创新发展。优化智库结构,广泛团结以两院院士为核心的科学家、经济学家、企业家、教育学家等各领域专家,以院士、专家前沿研究引领职业院校拓宽视野,为优化职业教育类型结构提供支撑。讲好职教故事,大力挖掘宣传技术技能人才成长成才的典型事迹,弘扬"劳动光荣、技能宝贵、创造伟大"的时代风尚,推动国家、社会、企业、学校、家长、学生等各主体职业教育人才观和谐统一。筹办中国职业教育博览会,设置前沿科技成果转化应用论坛、青年科学家和青年教师论坛等论坛,筹办校企合作对接会、科技成果转化发布会等会议,以及智能制造和机器人展、工业互联网展等展览,聚力打造职业教育与前沿科技对话、与产业优化升级对接的交流平台,努力营造职业教育"前途广阔,大有可为"的良好社会生态。

（六）搭建国际平台，服务教育高水平对外开放

中国职教学会在经济全球化和数字经济蓬勃发展的背景下，深化职业教育国际合作，聚焦职业教育在提升就业竞争力、服务产业优化升级、维护全球产业链供应链稳定中的重要作用，通过构建人类技能共同体，为人类命运共同体建设注入新的动力和载体。办好每年一届的"一带一路"职业教育国际研讨会，利用数字技术与"一带一路"沿线国家携手共建"数字职教"平台，推动技能数字化转型，提升人力资源开发质量。充分利用"一带一路"国际研讨会、中国职教学会外语教育工作委员会、国际合作交流工作委员会、21世纪海上丝绸之路职业教育分会等国际交流合作平台，着力培养适应经济全球化发展的知识技术技能人才。加强职业教育国际智库建设，推动全球职业教育理论创新，探讨解决缩小收入差距、促进教育公平、推动可持续发展等全人类面临的共同问题，编制并发布《"一带一路"职业教育年度发展报告》等智库报告。新起点、新征程、新使命。深入学习领会和宣传贯彻党的十九届六中全会精神，是职教战线当前和今后一个时期的重大政治任务。我们要努力在学懂弄通做实上下功夫，以党的十九届六中全会精神为指引，立足实现中华民族伟大复兴的战略全局和世界百年未有之大变局，牢记第二个百年奋斗目标，深刻领会党百年奋斗的历史经验，以此为坐标，在回顾中国职业教育百年奋进历程的基础上，总结经验，勇毅前行，担当使命。从解决实际问题、推动实践发展、丰富理论创新出发，全力推进中国特色现代职业教育体系建设，为服务高质量发展、支撑强国建设、实现中华民族伟大复兴的中国梦做出职业教育的新贡献。

参考文献

[1] 在重要历史关头召开的一次具有重大历史意义的会议——中共中央举行

新闻发布会解读党的十九届六中全会精神[EB/OL].(2021-11-13)[2021-12-28]. http://www. gov. cn/xinwen/2021-11/13/content_5650605. htm.

[2] 鲁昕.高质量发展现代职业教育,为强国建设提供坚实人才支撑[N]. 人民政协报,2020-12-09(09).

[3][4][8]从"层次"到"类型"职业教育进入高质量发展新阶段——"十三五"期间职业教育发展有关情况介绍[EB/OL].(2020-12-08)[2021-12-28]. http://www. moe. gov. cn/fbh/live/2020/52735/sfcl/202012/t20201208_503998. html.

[5] 国务院关于加快发展现代职业教育的决定[EB/OL].(2014-05-02)[2021-12-28]. http://www. gov. cn/zhengce/content/2014-06/22/content_8901. htm.

[6] 中共中央办公厅 国务院办公厅印发《关于推动现代职业教育高质量发展的意见》[EB/OL].(2021-10-12)[2021-12-28]. http://www. gov. cn/zhengce/2021-10/12/content_5642120. htm.

[7] 国务院关于印发国家职业教育改革实施方案的通知[EB/OL].(2019-01-24)[2021-12-28]. http://www. gov. cn/zhengce/content/2019-02/13/content_5365341. htm.

[9][10][11][17][19][20][22]中共中央关于党的百年奋斗重大成就和历史经验的决议(全文)[EB/OL].(2021-11-16)[2021-12-28]. http://www. gov. cn/zhengce/2021-11/16/content_5651269. htm.

[12]《习近平总书记教育重要论述讲义》编写组.习近平总书记教育重要论述讲义[M].北京:高等教育出版社,2020:3.

[13] 全国职业教育工作会议在京召开 习近平作指示 李克强讲话[EB/OL].(2014-06-23)[2021-12-28]. http://www. gov. cn/xinwen/2014-06/23/content_2707467. htm.

[14][16]习近平对职业教育工作作出重要指示[EB/OL].(2021-04-13)[2021-12-28]. http://www. gov. cn/xinwen/2021-04/13/content_5559267. htm.

[15] 中共中央关于制定国民经济和社会发展第十四个五年规划和二〇三五年远景目标的建议[EB/OL].（2020-11-03）[2021-12-28]. http://www. gov. cn/zhengce/2020-11/03/content_5556991. htm.

[18] 习近平在二十国集团领导人杭州峰会上的开幕辞（全文）[EB/OL].（2016-09-04）[2021-12-28]. http://www. xinhuanet. com//world/2016-09/04/c _129268987.

[21] 陈宝生.办好新时代职业教育,服务技能型社会建设[N].光明日报, 2021-05-01(7).

[23] 怀进鹏.深入学习贯彻党的十九届六中全会精神,加快建设教育强国[N].学习时报,2021-11-22(1).

[24] 陈子季.加快构建现代职业教育体系,抓好六大重点任务[N].学习时报,2021-05-10(4).

（作者刘建同为中国职业技术教育学会常务副会长兼秘书长,本文发表于《中国职业技术教育》2022 年第 1 期）

第二编

学习与理解

正确把握职业教育高质量发展的目标要求

周建松

2021 年 4 月,在迎接建党百年的重要时刻,中共中央同意召开全国职业教育工作大会,这是我国历史上第一次以党中央名义召开并且第一次冠以大会之名的职业教育专门会议。中共中央总书记习近平对职业教育工作作出重要指示,中共中央政治局常委、国务院总理李克强作批示,中共中央政治局委员、国务院副总理孙春兰出席会议并发表讲话,总结部署职业教育工作。会议对加快构建现代职业教育体系,稳步发展职业本科教育,推动职业教育高质量发展进行了系统部署。会后,中共中央办公厅、国务院办公厅印发了《关于推动现代职业教育高质量发展的意见》,就职业教育高质量发展提出了明确的指导思想和目标要求。

一、职业教育高质量发展是新时代的重要主题

2017年召开的中国共产党第十九次全国代表大会,提出了我国经济增长方式问题,并明确提出经济增长方式要从数量型向质量型转变,这标志着我国经济高质量发展时代的开始,随后,根据我国经济社会各领域发展的实际情形,我党做出了相应的部署,逐步推进各领域的高质量发展。就教育领域而言,2019年1月印发的《国家职业教育改革实施方案》在关于完善国家职业教育制度体系部分,明确提出了健全国家职业教育制度框架,提高中等职业教育水平,推进高等职业教育高质量发展,完善高层次应用型人才培养体系的要求,特别把高等职业教育质量发展摆上了重要位置,并做了详细制度安排。为贯彻落实《国家职业教育改革实施方案》,办好公平有质量、类型特色突出的职业教育,提质培优、增值赋能、以质图强,加快推进职业教育现代化,更好地支撑我国经济社会持续健康发展,教育部会同九部委制定了《职业教育提质培优行动计划(2020—2023年)》(以下简称《行动计划》)。《行动计划》明确要求,通过建设,职业教育与经济社会发展需求更加紧密,同人民群众期待更加契合,同我国综合国力和国际地位更加匹配,中国特色现代职业教育体系更加完备、制度更加健全、标准更加完善、条件更加充足、评价更加科学,这实际对职业教育高质量提出具体目标要求,尤其是在基本原则中,重点提出育人为本、质量为先,具有特别重要意义。《行动计划》以27项具体任务为载体,以56个项目为抓手,旨在加快推进职业教育现代化,推进职业教育高质量发展。《行动计划》还特别强调,以全省推进职业教育提质培优为创新抓手,推动职业教育改革发展。

党的十九届五中全会审议通过了《中共中央关于制定国民经济和社会发展第十四个五年规划和二○三五年远景目标的建议》,明确提

出要建设高质量教育体系,并提出了总体要求,其中第 44 条明确强调,全面贯彻党的教育方针,坚持立德树人,加强师德师风建设,培养德智体美劳全面发展的社会主义建设者和接班人。健全学校家庭社会协同育人机制,提升教师教书育人能力素质,增强学生文明素养、社会责任意识、实践本领,重视青少年身体素质和心理健康教育。坚持教育公益性原则,深化教育改革,促进教育公平,推动义务教育均衡发展和城乡一体化,完善普惠性学前教育和特殊教育、专门教育保障机制,鼓励高中阶段学校多样化发展,加大人力资本投入,增强职业技术教育,深化职普融通、产教融合、校企合作,探索中国特色学徒制,大力培养技术技能人才。提高高等教育质量,分类建设一流大学和一流学科,加快培养理工农医类专业紧缺人才,提高民族地区教育质量和水平,加大国家通用语言文字推广力度。支持和规范民办教育发展,规范校外培训机构,发挥在线教育优势,完善终身学习体系,建设学习型社会。应该说,十九届五中全会关于建设高质量教育体系的论述,对建设教育工作提出了明确要求,对职业教育高质量发展更具有指导意义。据此,国家十四五规划在第十三篇四十三章分五节进行了专题论述,我们必须认真学习。

2021 年 3 月 7 日,中共中央总书记习近平在青海代表团审议政府工作报告时,明确强调坚定不移走高质量发展之路,习近平总书记强调,高质量发展是十四五乃至更长时期我国经济社会发展的主题,关系我国社会主义现代化建设全局,高质量发展不只是一个经济要求,还是对经济社会发展乃至方方面面的总要求,不是只对经济发达地区的要求,还是所有地区发展都必须贯彻的要求,不是一时一事的要求,是必须长期坚持的要求,这就对全方位、长期性高质量发展提出了要求。应该说,职业教育高质量发展,既是从我国经济社会发展总体要求和我们国家进入高质量发展时代而言的,更是根据我国职业教育发展的实际情况作出的。新中国成立特别是改革开放以来,党和国家十分重视职业教育,国务院多次召开职业教育工作会议,出台关于职业教育改革发展的决定,推动职业教育由小到大、由弱变强,特别是党的十八大以后,以习近平同志为核心的党中央高度重视教育事业和职业教育的发展,习近平总书记多次就职业教育作出指示批示,多次视察考察职业学校,尤其是2014年和2021年两次对职业教育发展作出重要指示,为职业教育发展指明了方向、明确了路径。我国已经形成了世界上规模最大的职业教育,但由于受历史、文化等因素影响,职业教育类型特色不鲜明、质量发展不平衡等问题仍十分突出,部分地区职业学校办学条件还不达标,职业教育的社会吸引力也还不够高,因此,我们在推进职业教育现代化进程中,必须始终把高质量发展放在首位,也正从这种意义上说,没有职业教育高质量发展,就不可能实现职业教育现代化,也就不可能实现整个教育的现代化,也就没有更高水平的全面小康和2035年基本现代化目标的实现及21世纪中叶富强民主文明和谐美丽的社会主义现代化强国目标的实现。

二、《关于推动现代职业教育高质量发展的意见》的来龙去脉

2021年全国职业教育大会召开,习近平总书记在会上对职业教育作重要指示,强调要加快构建现代职业教育体系,培养更多高素质技术技能人才、能工巧匠、大国工匠。李克强总理作出批示,孙春兰副总理出席会议并发表讲话。大会的召开,充分体现了以习近平同志为核心的党中央对职业教育的高度重视,必将有力推动职业教育高质量发展,为全面建设社会主义现代化国家提供坚实的人才和技能支撑。

据介绍,《关于推动现代职业教育高质量发展的意见》(以下简称《意见》)作为贯彻落实全国职业教育大会精神的配套文件,在其起草过程中,开展了扎实的文献研究、专题研究、深度访谈、实地调研,广泛听取

了教育行政管理人员、职业院校负责人、师生和专家学者的意见建议。形成《意见》初稿后,征求了有关部门的意见,2021 年 4 月提交全国职业教育大会讨论,此后结合大会精神和会议分组讨论反馈意见建议,做了进一步修改完善。

关于《意见》的定位,主要是围绕贯彻落实习近平总书记重要指示和全国职业教育大会精神,定位于破除职业教育改革发展的深层次体制机制障碍,推动职业教育高质量发展。具体来说,主要围绕三个方面:一是巩固职业教育类型定位,即贯彻习近平总书记提出的优化类型定位,《意见》据此把类型定位问题作为谋划职业教育工作的逻辑起点,予以巩固和优化。二是构建现代职业教育体系,聚焦高质量发展,树立系统观念,强化中等职业教育的基础地位,高质量发展职业高等教育,稳步发展职业本科教育。三是服务技能型社会建设,要求通过加快建设国家重视技能、社会崇尚技能、人人享有技能的技能型社会,激励更多劳动者特别是青年一代走技能成才、技能报国之路。

关于《意见》的思路,《意见》牢牢把握职业教育与普通教育"不同类型、同等重要"的政策表述,在研究教育规律、产业规律和技术技能人才成长规律基础上,着力使职业教育真正成为一种需求广泛、功能特定的教育类型。也就是说,要从类型特征角度研究高质量发展的具体举措,与此同时,要突出职业教育与普通教育同等重要的特点,从而切实抓好高质量发展相关工作。与此同时,《意见》通过总结职业教育大发展以来特别是《国家职业教育改革实施方案》实施以来的改革经验,分析应该坚持和巩固什么,探究应该完善和发展什么,既坚持过去行之有效的政策举措,更向改革创新要动力,让中国特色职业教育体系充分展示出强大的自我完善能力和更为旺盛的生机和活力。特别是对接教育强国建设和《中国教育现代化 2035》对职业教育发展的目标要求,聚焦职普关系、产教关系、校企关系、师生关系、中外关系,切实增强政策举措的针对性、可行性和有效性,从方法论上讲,通过统筹顶层设计和分层对接,统筹制度改革和制度运行,着力固根基、补短板、提质量,大幅提升职业教育现代化水平和服务能力。

三、正确把握职业教育高质量发展的总体要求

(一)《关于推动现代职业教育高质量发展的意见》的特点

《关于推动现代职业教育高质量发展的意见》是继《国家职业教育改革实施方案》后关于职业教育建设发展的一个重量级文件,它与2020年教育部等九部门印发的《职业教育提质培优行动计划(2020—2023年)》不同,后者主要是贯彻落实《国家职业教育改革实施方案》,而前者则与《国家职业教育改革实施方案》(以下简称《方案》)是一个不同视角的文件。

从发文单位看,《方案》发文单位是国务院,明确执行机构为省级人民政府,而《意见》发文单位是中办、国办,因此,《意见》既可以面向中央和国家各部委、各省级党委,以及各人民团体,可以说是面向全社会,意在凝聚全社会共识,而《方案》则主要面向国家行政机关,强调执行。

从发文主体看,《方案》严格来讲不属于公文,因此采用"印发通知"的形式,而《意见》虽然也使用了"印发通知"的形式,但《意见》本身就是公文的常用形式之一,并且由中办、国办来发,更强调了党中央、国务院对于推动现代职业教育高质量发展的一些共识,更为宏观,需要相关部门在今后施政中贯彻落实其主要精神。

从文件定位看,《方案》是国家职业教育整体的实施方案,针对的是当前及今后短时期发展的难点、重点问题,是立足当前、谋划眼前的改革,而《意见》的定位则是推进职业教育适应国家经济高质量发展的需要,是全面建设社会主义现代化政策体系的一部分,虽立足当前,更立足长远,这一点,从《意见》确立2025年和2035年两个时段的目标就可

以充分体现。

(二)《关于推动现代职业教育高质量发展的意见》的指导思想

《意见》开宗明义,职业教育是国民教育和人力资源开发的重要组成部分,肩负着培养多样化人才、传承技术技能、促进就业创业的重要职责。在全国建设社会主义现代化国家新征程中,职业教育前途广阔、大有可为。这两段论述作为开篇用语,实际上分别是 2014 年和 2021 年习近平总书记对全国职业教育工作所作出的重要指示。其中,第一段是职业教育的定位,即职业教育是国民教育体系的重要组成部分,是人力资源开发的重要组成部分,主要担负培养多样化人才、传承技术技能、促进就业创业三大职责。应该说,它既是 2019 年《国家职业教育改革实施方案》提出的职业教育与普通教育是两种不同类型,具有同等重要地位的基础,同时也是打造职业教育类型特色的思想基础。这三大职能决定了职业教育高质量发展的特色和特征。在全面建设社会主义现代化国家新征程中,职业教育前途广阔、大有可为,这是习近平总书记赋予职业教育的时代价值,高质量发展的出发点和归宿点就是要推动职业教育从大有可为到大有作为。

进而言之,《意见》又细化了指导思想的具体内涵,主要强调了以下几点。一是以习近平新时代中国特色社会主义思想为指导,深入贯彻党的十九大和十九届二中、三中、四中、五中全会精神。这明确要求我们必须把职业教育高质量发展纳入党和国家整个高质量发展政策体系中,并把贯彻党的路线方针政策和习近平新时代中国特色社会主义思想作为主要指引。

二是职业教育高质量发展必须正确把握三个前提。这三个前提就是坚持党的领导、坚持正确办学方向、坚持立德树人。我们认为,坚持党的领导是根本前提,中国共产党的领导是中国特色社会主义的本质特征和显著优势,我们一定要坚持并不断加强,而且特别重要的是,党的领导是全面领导。坚持社会主义方向,更是我们办好职业教育的指导方针。扎根中国大地,服务国家战略和区域经济发展战略,培养中国特色社会主义建设者和接班人,是我们办学治校的基本要求。立德树人是各级各类共同的根本任务,更是职业教育高质量发展的根本要求,我们要构建系统完整的立德树人工作体系,坚持德才兼备、以德为先、德技并修。

三是要在优化类型定位上下功夫。这是习近平总书记对职业教育发出的重要指示。我们既要从在与世界各国的比较中找定位,也需要在与其他教育类型的比较中找定位。从大前提看,我们要坚持博采众长、融合提炼、以我为主、自成一家、中国特色的原则,走中国特色职业教育发展道路。要重视以下几点:办学重点是服务区域经济和行业发展,培养的人才定位是技术技能型人才,人才培养的模式是产教融合、校企合作。人才培养的重点是创业就业能力。

四是深入推进四大改革,即育人方式改革、办学模式改革、管理体制改革、保障机制改革。育人方式改革要更多地动员行业企业参与育人,充分利用行业企业资源创新育人方式,尤其是双师型教师和双师结构教育教学团队。办学模式则主要鼓励社会力量参与,尤其是在政府统筹下形成社会各方力量参与举办职业教育的积极性,真正实现产教融合、校企合作、双主体办学。管理体制改革则强调宏观上的统筹,如国务院职业教育联席会议协调机制、省级层面政府主责机制、学校更多的办学自主权等。保障机制改革,主要是地方党委政府领导的加强,经费保障的落实,特别是放管服的推进,等等。

五是加快构建现代职业教育体系。这既有利于增强职业教育适应性,也有利于建设技能型社会。职业教育体系建设从 1985 年开始探索,现代职业教育体系从 2002 年开始提出,不同阶段有不同要求,今后一个阶段的任务是构建具有中国特色、世界水平的职业教育标准。

六是弘扬工匠精神,培养更多高素质技术技能人才、能工巧匠、大国工匠,为全面建设社会主义现代化国家提供有力人才和技能支撑。我们认为,培养技术技能人才是直接的和基本的目标,而培养能工巧匠是更高的要求,而大国工匠则是我们长期更高层次的追求,其中重要的路径是必须弘扬工匠精神,直接的方向是为全面建设社会主义现代化国家提供有力人才和技能支撑。

(三)关于推动现代职业教育高质量发展的工作要求

关于工作要求,从习近平总书记对职业教育工作的重要指示,到李克强总理的重要批示,再到孙春兰副总理的大会讲话,都强调发展职业教育、抓好职业教育工作的基本要求,概括起来为"五个坚持"。

坚持立德树人、德技并修,尤其是强调培育和践行社会主义核心价值观,切实增强对习近平新时代中国特色社会主义思想的理念认同、思想认同和感情认同,坚持把德育放在首位,同时做到德技并修、育训结合,特别是要把思想政治教育与技术技能培养融合统一,当前特别要办好思想政治理论课,全面推进课程思政建设。

坚持产教融合、校企合作。这实际上就是要坚持并发展职业教育的跨界属性,正确处理好产教关系、校企关系,积极倡导和全面推动双主体办学,使专业对接产业、课程对接岗位、教学过程对接生产经营过程,真正推动产教良性互动,校企优势互补。

坚持面向市场、促进就业。职业教育应该是与市场联系最为紧密,市场适应性、市场灵敏度最高的教育,促进就业创业也是其最为本质的职能之一,培养能够适应就业市场需要的人也是职业教育的基本要求。尽管在新的历史条件下有些具体调整,但按照市场需求办好职业教育,据此推动职业教育学校布局、专业设置、人才培养与市场有机衔接。

坚持面向实践、强化能力。职业教育既是特色鲜明的类型教育,也是面向市场的就业教育,更是培养能力的实践教育,尤其是推进技能型社会建设进程中,职业教育不可或缺,大有可为。因此,我们在教育培养过程中,一定要瞄准能力、突出技能,让更多职教人以一技之长走向职场,实现人生价值。

坚持面向人人、因材施教。职业教育既与大众化、普及化密切相连,更与每个人直接相连,我们一定要从全面、终身教育的视角,努力在营造人人努力成才、人人皆可成才、人人尽展其才的环境上下功夫、见成效,推动职业教育高质量发展目标的圆满实现。

四、正确把握职业教育高质量发展的主要目标

如前所述,职业教育高质量发展是新时代的主题,其本身是一项十分复杂的系统工程,也是较长时期的目标工程,作为一个综合性概念,它既具有丰富的内涵和具体内容,也是一个阶段性实现过程。

(一)到 2025 年的目标

"十四五"时期,既是我们开启社会主义现代化国家建设新征程的开局时期,也是我们大力实施乡村振兴的重要开局时期,更是以习近平同志为核心的党中央高度重视职业教育发展要结出重要硕果的时期,职业教育要从大有可为实现大有作为,一定要在高质量发展上有担当,根据《意见》的精神,我们认为有以下几个要点。

一是职业教育类型特色更加鲜明。关于这个问题我们在研究、探索和实践,如前所述,它首先是中国特色,其次是类型特色,即根据《方案》职业教育与普通教育是两种不同的类型,研究和探索形成办学特点、培养模式、培养重点等为主要内容的类型特色,尤其是服务区域经济社会发展、产教融合、校企合作、工学结合、知行合一等上下功夫、见成效。

二是现代职业教育体系基本建成。如前所述,关于职业教育体系,我们已经认真探索了几十年,2014 年还专门做过规划,衡量基本适应

的基本要求是类型特色鲜明,在"两个适应"即适应经济社会和产业结构调整需要上体现充分,在"两个满足"即满足人民群众对职业教育和经济社会发展对技术技能人才的需要上比较圆满,同时在纵向贯通、横向融通"两个通"上形成完整网络。

三是技能型社会建设全面推进。也就是说,我们要适应新时代经济社会发展的新特点、新需要,逐渐改变以知识为主、学历为主的社会生态,逐步形成以能力为主的技能型社会。

四是办学格局更加优化。这既要从参与办学的主体来衡量,也要从办学的空间结构来衡量,还要从专业结构和人才培养结构来衡量。总体而言,行业企业参与更广、二级城市院校更多、专业结构更加围绕先进制造业和现代服务业和有利于促进乡村振兴的"三农"。

五是办学条件大幅改善。中等职业学校全面开展办学基础条件达标活动,确保 2025 年全部达标。高等职业学校进一步改善办学软硬条件,尤其是推进信息化建设,职业本科学校以崭新的面貌呈现,体现新型本科高校的特色和风采。

六是职业本科招生规模不低于职业教育招生规模的 10%。应该说,发展职业本科是构建现代职业教育体系的关键,也是职业教育高质量发展的关键。按照习近平总书记关于稳步发展职业本科教育的指示,按照优质高职升格一批、职业本科专业创新一批、独立学院转设一批的定位,争取有 200 所左右,另有 600 个专业点能稳步发展职业本科,达到 10% 左右的目标。

七是职业教育吸引力和培养质量显著提高。职业教育吸引力和培养质量互为条件,培养质量是基础,而层次体系对职业教育吸引力,也产生着十分积极的影响,而党政部门的重视和支持,社会舆论的声援和支持,也是十分重要的。因此,我们以习近平新时代中国特色社会主义思想为指导,更加重视职业教育发展,形成更加强大而良好的发展环境和氛围。

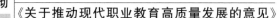
（二）到 2035 年的目标

对于我国经济社会发展来说，2035 年是一个重要的节点。党的十九大提出了在全面小康基础上再行两步走的目标，即第一个阶段，从 2020 年到 2035 年，在全面建成小康社会的基础上，再奋斗十五年，基本实现社会主义现代化。到那时，我国经济实力、科技实力将大幅跃升，跻身创新型国家前列；人民平等参与、平等发展权利得到充分保障，法治国家、法治政府、法治社会基本建成，各方面制度更加完善，国家治理体系和治理能力现代化基本实现；社会文明达到新的高度，国家文化软实力显著增强，中华文化影响更加广泛深入；人民生活更为宽裕，中等收入群体比例显著扩大，城乡区域发展差距和居民生活水平差距显著缩小，基本公共服务均等化基本实现，全体人民共同富裕迈出坚实步伐；现代社会治理格局基本形成，社会充满活力又和谐有序，生态环境根本好转，美丽中国目标基本实现。据此，中共中央、国务院制定了《中国教育现代化 2035》，我们应该认真学习贯彻党的十九大报告提出的总要求，围绕中国教育现代化 2035 年的目标，统筹谋划职业教育发展，并把职业教育高质量发展落到实处。

一是职业教育水平进入世界前列。今天的实力看经济，明天的实力看科技，后天的实力看教育，教育现代化应该走在整个现代化前列，也就是说，包括职业教育现代化在内的教育现代化应该走在现代化前列，而职业教育是最有希望实现现代化的教育类型，必须按照率先前列的要求，把世界上最大的职业教育办成最有特色和质量、品牌的职业教育。

二是技能型社会基本建成。也就是说，要按照加快建设、加快推进的要求，形成人人重视技能、人人尊重技能、人人崇尚技能的良好风尚，让拥有一技之长蔚然成风，真正形成不唯学历讲能力，不唯知识论本领的社会氛围。

三是技术技能人才社会地位大幅提升。在重视职业教育体系建设，精心打造鲜明类型特色的同时，要改变我们的人才观，让有一技之长的人才，让全体技术技能人才能充分发挥用武之地，在评奖评先、入职门槛、薪酬待遇等方面具有同样机会、同等地位，较现在有较大幅度的提升。

四是职业教育的地位和作用显著增加。这既表现在职业教育在教育结构内部不再成为短板，更表现在职业教育的供给要与经济社会发展需求高度匹配，从而使职业教育在全面建设社会主义现代化国家中的作用显著增强。

五、推动职业教育高质量发展的主要内涵

中办、国办《关于推动现代职业教育高质量发展的意见》全文共 7 个部分 22 条，全面系统地部署了面向 2035 年职业教育高质量发展的主要内涵和具体要求，除第一部分总体要求和第七部分组织实施外，中间的第二至第六部分实际上抓住了职业教育高质量发展必须处理好的五对矛盾或者称之为五个基本关系，从而也成为推动职业教育高质量发展的基本内涵。

(一)正确处理职业教育与普通教育关系，把握两种类型、各有特色、同等重要

关于职业教育与普通教育关系，《意见》以巩固职业教育类型定位、推进不同层次职业教育纵向贯通、促进不同类型教育横向融通等方面进行部署，具体又包括了 15 个要点，其中巩固职业教育类型特色部分又分为 3 个要点，即因地制宜的职业教育与普通教育协调发展，职教高考制度和中国特色职业教育理论研究。

职业教育与普通教育协调发展，《意见》共有 3 个要点，主要包括高

中阶段中等职业教育与普通高中的协调和高中后高等职业教育与普通本科的协调,当前中职分流等问题意见分歧较大,需要认真研究,对高等职业教育的内涵、口径等问题也有不同理解,我们需要认真研究,并慎重做出决策。职教高考制度是一个比较敏感的问题,我们提倡了好多年,但实施起来很难,原因在于它的组织形式、层级、范围、封闭还是开放等问题比较难掌握,既要讲公信力,又要注重成本,还要防范风险。中国特色职业教育理论研究更是一个大课题,我们如何正确处理好学习借鉴,自成一家及中国特色之间的关系,尤其是在推进特色职业教育现代化的进程中,如何尽快形成与世界上最大规模相匹配的职教模式,需要自下而上与自上而下的探索,需要实践的积累和理论的总结。

关于推进不同层次职业教育纵向贯通,《意见》有 7 个要点,包括了提升中等职业教育水平,高职教育提质培优,一体化职业教育人才培养体系,尤其是职业教育本科发展问题,个人认为,纵向贯通的当务之急是提升高层次职业教育发展水平,扩大职业本科教育招生规模,建设更多的职业技术大学,允许开设更多的职业本科教育专业点,同时,要鼓励现有本科高校,积极向职业教育转型或者真正开办更多的职业教育专业、专业硕士学位,既要扩大规模,也要形成与纵向贯通相衔接的体系。

至于职业教育与普通教育的横向融通,《意见》包括了 5 个要点,其中强调了中小学职业启蒙教育、综合高中等。我们认为关键是要建立国家资历框架,建设国家学分银行,从而使学习成果的认证、积累和转换成为可能,全民终身学习体系得以推进。经过努力,在高质量发展进程中,我们有望形成两种类型、同等重要,纵向贯通、横向融通的中国特色现代职业教育体系。

(二)正确处理产学关系,把握产教融合、相互对接、优化格局

产教融合是职业教育办学模式的重要特征,产教关系是重要的基本的关系。《意见》中完善产教融合办学体制的内容分为优化职业教育供给结构,健全多元办学格局,协同推进产教深度融合三个部分,共计14个要点。

关于优化职业教育结构,共有5个要点,从职业教育高质量发展要求出发,强调要围绕国家战略、紧密对接产业升格和新技术变革在专业设置、专业结构优化方面积极推进。同时通过省部共建、区域合作等积极推动,尤其强调面向农村办好职业教育。

关于健全多元办学格局,共有4个要点,特别强调构建政府统筹管理、行业企业积极举办、社会力量深度参与的办学格局,既鼓励国有企业独立办学和参与办学,也鼓励学校与社会资本合作办学、共建共享。

关于协同推进产教深度融合,共有5个要点,总体来说,我们要继续认真学习贯彻国务院办公厅《关于深入推进产教融合的实施意见》(国办发〔2017〕95号),大力推进产教融合型城市、产教融合型企业试点,并积极为其提供相应的支持,国家发改委等部门要切实发挥作用。

(三)正确处理校企关系,把握合作共赢、相互支持、改善环境

校企合作办学乃至校企双主体办学,是职业教育的重要优势和重要特征,也是职业教育实现高质量发展的关键,《意见》分三个方面共17个要点展开论述,明确要求,部署工作。

关于丰富职业学校办学形态,分为3个要点,主要要求职业学校与企业开展多边合作,共建共享技术创新平台,专业化技术转移机构和大学科技园、科技企业孵化器、众创空间等,同时推动共建共管产业学院、互设培训园基地等。

关于拓展校企合作形式内容,分为5个要点。主要强调职业学校

要主动谋求或吸纳对人才培养全过程的参与,同时鼓励龙头企业,建立职教集团,探索中国特色学徒制办学,等等。总体看,是鼓励多形式多渠道校企深度合作。

关于优化校企合作环境,分为 9 个要点,特别明确对产教融合型企业在金融、财政、土地、信用方面的优惠,同时强调金融机构对校企合作的支持,国家收入分配政策及绩效工资对校企合作的支持,营造一个有利于校企合作的良好生态和环境。

(四)正确处理师生关系,把握双师队伍建设、方法创新、质量保证

深化教育教学改革,是推动职业教育高质量发展的微观基础,共分为 4 个方面,共有 22 个要点。

关于深化双师型教师队伍建设。这部分内容共有 6 个要点,总体而言,《国家职业教育改革实施方案》和教育部等四部门印发的《深化新时代职业教育"双师型"教师队伍建设改革实施方案》(教师〔2019〕6号)已有一些论述,也有明确要求,把它进一步上升到中办、国办的文件加以重申和强调,既说明了重要性,也说明了我们认准的路子必须走下去,对此,教育部已有 360 个项目团队的行动,各省市也在跟进,我们要深入研究。

关于创新教学模式与方法,这部分共有 5 个要点,特别强调教育教学管理如何适应职业教育的特点,适应学习者的特点,适应当今信息化技术背景的特点,强调思想政治教育的有效性,强调习近平新时代中国特色社会主义思想"三进"的重要性,强调创新教学模式、探索"岗课赛证"综合育人,同时进一步明确了技能大赛的定位。

关于改进教学内容与教材,这部分内容共有 6 个要点,具体强调了"岗课赛证"综合育人机制建设,强调了课程开发、实训体系、职业等级技能证书、教材建设,我们必须抓实抓好。

关于完善质量保证体系,共分为 5 个要点,特别强调了标准建设,列举了健全教师、课程教材、教学、实习实训、信息化、安全等国家职业标准建设,强调了做好教学工作诊断与改进制度建设,强调了完善教学督导评估办法,强调了健全国家、省、学校质量年报制度等。

(五)正确处理中外关系,把握对外开放、合作交流、走出去

从引进来到引进来、走出去相结合是我国职业教育高质量发展新阶段的基本特征,这一部分内容包括了提升中外合作办学水平、拓展中外合作交流平台、推动职业教育走出去等三个方面,共 12 个要点。

关于提升中外合作办学水平,共含 3 个要点,强调职业教育要继续开放,同时要提高水平,与高水平学校合作,并提出在留学中国项目中增加职业教育内容。

关于拓展中外合作交流平台,共有 3 个要点,强调要加强与联合国教科文组织等国际组织合作,强调要办好国际职业教育大会,办好国际性职业教育交流活动,如中国—东盟教育交流等。

关于推动职业教育走出去,共有 6 个要点,强调要适应一带一路倡议,伴随中国企业走出去和国际产能合作,积极打造高水平国际办学项目,探索"中文+职业技能"的国际化发展模式,完善鲁班工坊标准等。也特别强调了中国作为一个大国在国际化方面的责任和担当。

此外,《意见》在最后部分强调了组织实施,以加强组织领导、强化制度保障、优化发展环境,分别有 6 个、4 个、4 个要点,提出了加强组织领导、强化制度、优化发展环境、狠抓工作落实的具体要求,相信在推动职业教育高质量发展进程中,我们一定会大有作为。

强化职业教育类型特色

陈正江

分类是一种唤起身份和规则的机制,类型是对分组归类方法体系的总称。通常而言,类型的各成分是用假设的各个特别属性来识别的,这种分组归类方法因在各种现象之间建立有限的关系而有助于论证和探索。《国家职业教育改革实施方案》(国发〔2019〕4号)开宗明义:职业教育与普通教育是两种不同教育类型,具有同等重要地位。目前全国共有8812所职业学校,开设了1200余个专业和10余万个专业点,基本覆盖了国民经济各领域,每年培养1000万左右的高素质技术技能人才。在现代制造业、战略性新兴产业和现代服务业等领域,一线新增从业人员70%以上为职业院校毕业生。作为一种教育类型,职业教育在办学、人才培养、教学、育人等方面体现出了自身特色。强化职业教育类型特色,要求我们既要基于教育看职业教育,又要跳出教育看职业教育,巩固职业教育类型定位,推进不同层次职业教育纵向贯通,促进不同类型教育横向融通。

一、职业教育的类型特色

(一)产教融合的办学特色

2017年12月,国务院办公厅发布《关于深化产教融合的若干意见》(国办发〔2017〕95号)。产教融合是职业教育的基本办学模式,是办好职业教育的关键所在。深化产教融合,促进教育链、人才链与产业链、创新链有机衔接,是当前推进人力资源供给侧结构性改革的迫切要求,对新形势下全面提高教育质量、扩大就业创业、推进经济转型升级、培育经济发展新动能具有重要意义。引导专科高等职业院校集中力量办好当地需要的特色优势专业(群),服务经济社会发展和人的全面发展,推进产教融合示范基地建设,调查是开展职业教育之基础,在调查的基础上推动专业设置与产业需求对接,课程内容与职业标准对接,教学过程与生产过程对接,毕业证书与职业资格证书对接,职业教育与终身学习对接,支持学校层面和专业层面深化产教融合,为区域经济社会发展提供人才支撑和智力支持。

(二)校企合作的人才培养特色

职业教育以培养生产、建设、服务、管理第一线的高端技能型专门人才为主要任务。2018 年 1 月,教育部等六部门联合发布的《职业学校校企合作促进办法》(教职成〔2018〕1 号)提出构建"政府扶持、学校主导、企业参与、开放共赢"的校企合作机制,完善以应用型人才为主的培养体系。职业学校应当根据自身特点和人才培养需要,主动与具备条件的企业开展合作,积极为企业提供所需的课程、师资等资源。企业应当依法履行实施职业教育的义务,利用资本、技术、知识、设施、设备和管理等要素参与校企合作,促进人力资源开发。支持引导企业深度参与职业学校、高等学校教育教学改革,以多种方式参与学校专业规划、教材开发、教学设计、课程设置、实习实训,促进企业需求融入人才培养环节。通过校企协同,合作育人,充分调动企业参与产教融合的积极性和主动性,强化政策引导,鼓励先行先试,促进供需对接和流程再造,以需求为导向优化人才培养结构,构建校企合作长效机制。

(三)工学结合的教学特色

无论是专业建设,还是课程设置、教学改革,工学结合是职业教育的立场,这种立场简要概括为"做中学"。《教育部关于全面提高高等教育质量的若干意见》(教高〔2012〕4 号)提出,要制定实施本科和高职高专专业类教学质量国家标准,紧密围绕产业需求,强化实践教学,开展生产性实习实训。健全学生到企业实习实训制度。鼓励以引企驻校、引校进企、校企一体等方式,吸引优势企业与学校共建共享生产性实训基地。职业院校与合作企业根据技术技能人才成长规律和工作岗位的实际需要,共同研制人才培养方案、开发课程和教材、设计实施教学、组织考核评价、开展教学研究等。校企签订合作协议,职业院校承担系统的专业知识学习和技能训练;企业通过师傅带徒形式,依据培养方案进行岗位技能训练,真正实现校企一体化育人。推行面向企业真实生产环境的任务式培养模式。职业学校新设专业原则上应有相关行业企业参与。鼓励企业依托或联合职业学校、高等学校设立产业学院和企业工作室、实验室、创新基地、实践基地。在工学结合上强化学生职业道德、职业技能、就业创业能力的培养,培养应用型、技能型人才,同时这个过程需要以双师型教师队伍建设为保障。

(四)知行合一的育人特色

立德树人是发展中国特色社会主义教育事业的核心所在,是培养德智体美劳全面发展的社会主义建设者和接班人的本质要求。课程是教育思想、教育目标和教育内容的主要载体,集中体现国家意志和社会主义核心价值观,是学校教育教学活动的基本依据,直接影响人才培养质量。要将立德树人根本任务落到实处,必须充分发挥课程在人才培养中的核心作用,进一步提升综合育人水平,更好地促进各级各类学校学生全面发展、健康成长。我们看到现在有越来越多的学生"觉得自己被推上了达成某种具体职业目标的特定道路",学生对课程乃至课外实践的选择都与职业的目标和规划有关。强化实践育人环节。结合专业特点和人才培养要求,分类制定实践教学标准。增加实践教学比重,确保各类专业实践教学必要的学分(学时),并在教学过程中构建新型师生关系,将知行合一落到实处。

二、巩固职业教育类型定位

(一)统筹推进职业教育与普通教育协调发展

职业教育与普通教育协调发展是建设高质量教育体系的重要基础,通过优化人才培养体系结构,提升教育供给体系对经济社会发展需求的适配性,这是立足新发展阶段的必然要求、贯彻新发展理念的核心问题、构建新发展格局的举措。职普协调发展不仅涉及初中、普通高中、职业高中、高职院校、职业本科学校以及普通本科院校等不同的教育类型、办学主体和办学层次,还涉及教育部、人社部等不同部门,体系结构非常复杂,需要的政策支持力度也很大,同时还面临来自教育机构发展、学习者意愿等关键利益相关者的主体性选择,是一项系统工程,因此要因地制宜、统筹推进。以"普职比"为切入点,着重围绕建设高质量教育体系,统筹考虑高中阶段教育和包括本专科、硕博士研究生在内的高等教育阶段发展特点,以普职纵向流动的选拔制度设计、普职横向流通的资格(水平)认定等为改革目标,构建符合我国国情的职普融通的制度框架,推动职业教育与普通教育实现资源共享、课程共建、人才共育的深度融合。

(二)加快建立"职教高考"制度

现代职教体系建设的基础和切入点就是建立职教高考制度,实现中高职衔接,着力打通各级各类技术技能型人才的成长空间,拓宽其发展通道。建立"职教高考"制度,赋予职业教育改革新的生命力,打破公众对职业教育的偏见,扭转社会对职业教育的片面评价,也是对高考综合改革乃至教育评价改革的推进,也符合新时代教育评价改革的总体精神。2019 年,《国家职业教育改革实施方案》明确提出建立"职教高考"制度,完善"文化素质+职业技能"的考试招生办法,提高生源质量,为学生接受高等职业教育提供多种入学方式和学习方式。天津、广东、山东、福建、江西、安徽、江苏、山西、甘肃等地开展的单招高考、单独测试、"三校生"高考、春季高考、中职生对口升学、"2+3"、"3+2"、"3+4"等,都可视为对"职教高考"制度的探索。以"文化素质+职业技能"为主的职教高考,充分尊重学生的学习特点,更加符合人才成长规律,更能体现人才的综合素养,探索多形式、多渠道的人才培养模式并建立与其相适应的评价体系,加强省级统筹,确保公平公正。

(三)加强职业教育理论研究

职业教育强调教育与职业的沟通,具有调节就业与劳动力资源的功能。职业教育理论研究应聚焦于职业教育类型特色,围绕其功能与价值、体系与制度、专业与课程、标准与质量等重大问题展开,形成中国特色职业教育理论体系,及时总结中国特色职业教育办学规律和制度模式,走中国特色职业教育发展道路,只有把理论研究做扎实了,职业教育才可能表现出其适应性和生命力。职业教育研究涉及与社会经济发展的关系、与个人发展的关系两方面,职业教育制度产生于经济发展的需要,又反过来推动经济的发展,它与经济发展和人民生活密不可分。四十年来,我们在考察和借鉴国外职业教育制度的基础上,分析这些外来模式的引进及实施在职业教育领域的表现、效果的评价、评论及实证性依据与教育改革的关系。在这些研究中,学者对制度本身的介绍较为全面,但对其形成过程研究不够,较少将之与前后的理论、实践发展关系综合起来分析,且对政府如何调整、丰富及扩展职业教育制度认识不足。在这个意义上,中国特色职业教育办学规律和制度模式既是理论研究的成果,更是实践探索的成果,为建设引领改革、支撑发展、具有中国特色、具有世界水平的职业学校和专业群提供研究支撑,以研究助推职业学校人才培养、专业建设、教师发展和办学治校水平提升。

三、推进不同层次职业教育纵向贯通

(一)大力提升中等职业教育办学质量

中等职业教育是职业教育的重要组成部分,是现代职业教育体系建设的基础,为我国产业经济发展提供了重要的人才支撑和储备。教育部发布的《2021年全国教育事业统计主要结果》显示,2021年,全国共有中等职业学校7294所,招生488.99万人,在校生1311.81万人。提升中等职业教育的发展质量要靠顶层设计和统筹谋划,从中等职业教育发展的长远考虑,把发展中职教育作为普及高中阶段教育和建设中国特色现代职业教育体系的重要基础。为兼顾人才需求与教育质量,落实地方各级人民政府发展高中阶段教育的主体责任,根据普通高中和中职学校(技工院校)课程改革、高考招生制度改革、选课走班等要求,因地制宜、科学合理确定本地区普通高中、中等职业学校布局结构、生均公用经费标准,并建立动态调整机制。支持建设一批全国一流的特色高水平中职学校和专业(群)。系统设计中职考试招生办法,使绝大多数城乡新增劳动力接受高中阶段教育。

在提升办学质量、健全育人功能方面,实施中等职业学校办学条件达标工程,采取合并、合作、托管、集团办学等措施,整合"空、小、散、弱"学校,积极探索通过混合所有制、公办民助、民办公助、集团化办学等多种办学形式,进一步整合中等职业教育资源,进一步深化管理体制改革,打破部门、所有制限制。整合协调教育部、人力资源和社会保障部、财政部、发改委、工业和信息化部、农业农村部及其他有关部门对职业教育的管理,形成合力,建立完善工作协调机制,通过布局调整,进

一步理顺中职教育管理体制和机制,促进职业教育资源优化配置。建设一批优秀中等职业学校和优质专业,深化"三教"改革,把教学质量抓紧压实。到2023年,中职学校教学条件基本达标,遴选1000所左右优质中职学校和3000个左右优质专业。在此基础上,支持有条件的中等职业学校根据当地经济社会发展需要试办社区学院。

(二)推进高等职业教育提质培优

21世纪以来,我国先后启动实施了"高等职业院校示范性建设计划""高等职业教育创新发展行动计划"和"中国特色高水平高职学校和专业建设计划"。教育部发布的《2021年全国教育事业统计主要结果》显示,2021年,全国共有高职(专科)学校1486所,招生552.58万人,在校生1590.10万人。为了下好职业教育这盘"大棋",《国家职业教育改革实施方案》提出推进高等职业教育高质量发展,这是一种新的类型观、发展观和质量观。在构建新发展格局背景下,办好公平有质量、类型特色突出的职业教育,提质培优、增值赋能、以质图强,加快推进职业教育现代化,既是高职教育领域解决人民日益增长的美好生活需要和不平衡不充分的发展之间矛盾的迫切需求,又是响应助力现代化经济体系建设的强烈诉求,同时肩负服务国家重大发展战略的时代担当。中国特色高水平高职学校和专业建设计划("双高计划")旨在支持基础条件优良、改革成效突出、办学特色鲜明的高职学校和专业群率先发展,发挥示范引领作用,为现代经济体系建设提供高素质技术技能人才支撑。

作为推进高等职业教育高质量发展的重要举措,"双高计划"的战略导向是政策实施立足长远,通过集中投入与重点建设,提升教育治理能力,推动院校改革创新,促进高职制度转型。对应于总体要求和改革发展任务,"双高计划"的推进策略是提质(即打造技术技能人才培养高地和技术技能创新服务平台)、培优(即培育高水平专业群和高水平双师队伍)、增值(即提高校企合作和服务发展水平)和赋能(即营造良好氛围提升职业教育吸引力)。为实施好"双高计划",第一周期有 29 个省份的 197 所单位入选,集中力量建设一批高水平高等职业学校和专业,为实现高等职业教育高质量发展奠定基础。

(三)稳步发展职业本科教育

发展本科层次职业教育对全面建设现代职业教育体系意义重大,是实现职业教育"不同类型、同等重要"的重大举措。2019 年,《国家职业教育改革实施方案》明确提出"开展本科层次职业教育试点"。2021 年习近平总书记对职业教育工作的重要指示强调:稳步发展职业本科教育。教育部发布的《2021 年全国教育事业统计主要结果》显示,2021 年,全国共有本科层次职业学校 32 所,招生 4.14 万人,在校生 12.93 万人。把稳步发展职业本科教育作为完善现代职业教育体系的关键一环,培养高素质创新型技术技能人才,畅通技术技能人才成长通道。高标准建设职业本科学校和专业,保持职业教育办学方向不变、培养模式不变、特色发展不变。鼓励应用型本科学校开展职业本科教育。一是配合全国人大加快《中华人民共和国职业教育法》修法步伐,为发展本科职业教育提供法理依据。二是根据本科层次职业学校设置标准,在研究"十四五"规划高校设置工作时,系统谋划"双高计划"高职学校举办本科职业教育工作。三是强化对各地各校本科层次职业教育试点工作指导,推动试点学校不断提高人才培养质量和办学水平,为进一步发展本科层次职业教育积累可复制推广的办学经验。四是积极推进与部分省份和城市联合打造职业教育创新发展高地、创新发展样板城市等工作,支持各地将开展本科层次职业教育作为职业教育创新发展的重要举措。

（四）一体化设计职业教育人才培养体系

一体化设计中职、高职、本科职业教育培养体系,构建应用型人才系统化的发展通道,是优化职业教育类型定位、加快构建现代职业教育体系的重要抓手。长期以来,我们通过学制衔接、课程衔接等手段,在人才培养一体化的过程中取得了很多经验,新时期职业教育人才培养的一体化要更加深入到课程和评价层面,尤其要注重评价制度改革,通过构建适应职业教育类型特征和发展需求的职教高考制度,推动各级职业教育的人才培养主动衔接、深度融合。推动各层次职业教育专业设置、培养目标、课程体系、培养方案衔接,支持在培养周期长、技能要求高的专业领域实施长学制培养。

（五）按照专业大致对口原则,指导应用型本科学校、职业本科学校吸引更多中高职毕业生报考

不限制专科高职学校招收中职毕业生的比例,适度扩大专升本招生计划,为部分有意愿的高职(专科)毕业生提供继续深造的机会。包括高职扩招录取入学在内的全日制专科在校生,均可以参加统招专升本考试,有机会考取全日制本科院校。中职毕业生可以通过多种通道升入普通高职院校,也可通过成人高考接受成人高等教育;普通高职院校应届毕业生可通过"专升本"升入普通本科,各类高职院校毕业生可通过成人"专升本"升入成人本科;普通高职院校毕业生工作两年后,可报考硕士研究生。根据产业需要和行业特点,适度扩大专业学位硕士、博士培养规模,推动各地发展以职业需求为导向、以实践能力培养为重点、以产学研用结合为途径的专业学位研究生培养模式。专业学位是针对社会特定职业领域的需要,培养具有较强的专业能力和职业素养、能够创造性地从事实际工作的高层次应用型专门人才而设置的一种学位类型。

四、促进不同类型教育横向融通

（一）加强各学段普通教育与职业教育渗透融通

职普融通是职业教育与普通教育两种教育类型间的渗透融通，在普通中小学实施职业启蒙教育，培养掌握技能的兴趣爱好和职业生涯规划的意识能力，探索发展以专项技能培养为主的特色综合高中，直面教育发展不平衡不充分的问题，促进各层次各类型职业教育与各层次各类型普通教育的沟通、衔接与融通，并在义务教育阶段融入职业启蒙教育、基础技能教育，为各类学习者提供更加丰富、更加多元、更多通道的成长机会和路径，以更好地满足人们成长得更好、工作得更好、生活得更好等对美好生活的期待，最终实现促进学习者个体全面发展、推进教育现代化和办人民满意教育等目标。

（二）推动中等职业学校与普通高中、高等职业学校与应用型大学课程互选、学分互认

建立普通高中和中职学校合作机制，探索课程互选、学分互认、资源互通机制。加快建立基于初中学业水平考试成绩、综合素质评价和职业院校考核评价相结合的招生机制。支持有条件的普通高中举办综合高中。继续积极稳步推进中职跨区域招生改革，设区市统筹安排中职学校跨县域招生计划。应用型大学从专业设置、招生计划、教师聘任等方面进行改革，激发内生动力与办学活力，推动项目高校将产教融合项目建设和学校转型深化改革相结合，切实把办学真正转到服务地方经济社会发展上来，转到产教融合校企合作上来，转到培养应用型、技术技能型人才上来。

(三)鼓励职业学校开展补贴性培训和市场化社会培训

从我国产业发展看,到 2025 年技能型人才缺口率将达 48%,技术蓝领缺口更是高达 3000 万人,必须从产业发展的角度审视完善职业教育和培训体系。2019 年 5 月,国务院办公厅印发《职业技能提升行动方案(2019—2021 年)》,2019 年至 2021 年,持续开展职业技能提升行动,提高培训的针对性、实效性,全面提升劳动者职业技能水平和就业创业能力。三年共开展各类补贴性职业技能培训 5000 万人次以上,其中 2019 年培训 1500 万人次以上,经过努力,到 2021 年底技能劳动者占就业人员总量的比例达到 25% 以上,高技能人才占技能劳动者的比例达到 30% 以上。各级人社部门积极发挥统筹协调作用,深入贯彻实施国家高技能人才振兴计划,各地结合区域经济发展、产业振兴发展规划和新兴战略性产业发展的需要,紧紧围绕十大振兴产业、新兴战略性产业和经济社会发展急需紧缺行业(领域),依托具备高技能人才培训能力的职业培训机构和城市公共职业技能实训基地,推动建设高技能人才培训基地和机构。

(四)制定国家资历框架,建设职业教育国家学分银行

构建中国国家资历框架,是一项系统工程。其中对于职业教育而言,我认为有以下难点需要解决:一是职业教育吸引力问题。受传统观念的影响,特别是对于农村和偏远地区,上普通高中、考上综合性大学仍然是他们的首选,甚至是唯一选择。二是从体制机制上真正解决职业教育的校企融合问题,特别是明确企业在教育中的地位与责任。三是通道问题。建设国家资历框架可以清晰地展现接受不同层级教育的学习者的发展水平,不仅在形式上实现不同类型、不同层级教育的联通,而且在内容上也让不同类型、不同层级教育所需的知识、能力、素质得以衔接。目前,我国教育系统内部不同资历、学历和职业资格的连

贯性和交融性都不是很强。早在 1985 年《中共中央关于教育体制改革的决定》中就提出，要逐步建立起一个从初级到高级，行业配套、结构合理，又能与普通教育相互沟通的职业教育体系。2019 年颁布的《国家职业教育改革实施方案》强调产教融合，强调普职衔接，提出实施"学历证书＋若干职业技能等级证书（1＋X 证书）制度"，提出"学分银行"，等等。《国家职业教育改革实施方案》提出的"将 1＋X 证书试点工作与学分银行建设和国家资历框架建设结合起来，有序开展学历证书和职业技能等级证书所体现的学习成果的认定、积累和转换"作为其工作重点之一，实现各类学习成果的认证、积累和转换，加快构建服务全民终身学习的教育体系，为构建国家资历框架、建设职业教育国家学分银行奠定坚实基础。

完善产教融合办学体制

金恩芳

  十九大报告明确提出,职业教育要深化产教融合、校企合作,全国教育大会再次强调推进产教融合、校企合作,《国务院办公厅关于深化产教融合的若干意见》将产教融合上升为国家教育改革和人力资源开发的基本制度安排,这都充分体现了产教融合、校企合作对当前全面提升人力资源质量、提高教育服务经济转型升级能力的重大意义。深化产教融合,促进校企合作,是职业教育的基本办学模式,也是办好职业教育的关键所在。2021年10月,中共中央办公厅、国务院办公厅印发《关于推动现代职业教育高质量发展的意见》,在工作要求中提出"坚持产教融合、校企合作,推动形成产教良性互动、校企优势互补的发展格局"。

一、优化职业教育供给结构

(一)形成紧密对接产业链、创新链的专业体系

  围绕国家重大战略,紧密对接产业升级和技术变革趋势,优先发展先进制造、新能源、新材料、现代农业、现代信息技术、生物技术、人工智能等产业需要的新兴专业,加快建设学前、护理、康养、家政等人才紧缺的专业,改造升级钢铁冶金、化工医药、建筑工程、轻纺制造等传统专业,撤并淘汰供给过剩、就业率低、职业岗位消失的专业,鼓励学校开设更多紧缺的、符合市场需求的专业,形成紧密对接产业链、创新链的专业体系。2017年《国务院办公厅关于深化产教融合的若干意见》中提

出,推动学科专业建设与产业转型升级相适应,建立紧密对接产业链、创新链的学科专业体系。该文件强调了深化产教融合,促进教育链、人才链与产业链、创新链有机衔接对于在新形势下全面提高教育质量、扩大就业创业、推进经济转型升级、培育经济发展新动能的重要意义。2020年4月,习近平总书记在陕西考察时指出,要围绕产业链部署创新链、围绕创新链布局产业链,推动经济高质量发展迈出更大步伐。

对于职业教育而言,以紧密对接产业链、创新链为前提,积极推进产教融合、校企协同育人,注重知识、能力、素质协调发展,实施成果导向教学,为经济社会培养人才。2020年,教育部、工业和信息化部联合发布《现代产业学院建设指南(试行)》,要求以区域产业发展急需为牵引,面向行业特色鲜明、与产业联系紧密的高校,建设若干高校与地方政府、行业企业等多主体共建共管共享的现代产业学院,造就大批产业需要的高素质应用型、复合型、创新型人才,为提高产业竞争力和汇聚发展新动能提供人才支持和智力支撑。2021年,国家印发新版《职业教育专业目录》,按照"十四五"国家经济社会发展和2035年远景目标对职业教育的要求,在科学分析产业、职业、岗位、专业关系基础上,对接现代产业体系,服务产业基础高级化、产业链现代化,统一采用专业大类、专业类、专业三级分类,一体化设计中等职业教育、高等职业教育专科、高等职业教育本科不同层次专业,共设置19个专业大类、97个专业类、1349个专业,其中中职专业358个、高职专科专业744个、高职本科专业247个。专业目录重新修订后,专业名称发生一定的变化,比如"会计"专业调整为"大数据与会计","景区开发与管理"调整为"智慧景区开发与管理",体现出产业链、创新链与教育链的"三链融合"。

(二)优化区域配置

优化区域资源配置,推进部省共建职业教育创新发展高地,持续深化职业教育东西部协作。《中国教育现代化2035》明确提出教育现代化的实施路径,包括"完善区域教育发展协作机制和教育对口支援机制,深入实施东西部协作,推动不同地区协同推进教育现代化建设"。为进一步落实东西部职教协作,2020年,中共中央、国务院印发《关于新时代推进西部大开发形成新格局的指导意见》,"持续推动东西部地区教育对口支援,继续实施东部地区高校对口支援西部地区高校计划、国家支援中西部地区招生协作计划,实施东部地区职业院校对口西部职业院校计划"。为进一步明确具体的建设任务和推进重点,《职业教育提质培优行动计划(2020—2023年)》中将实施职业教育创新发展高地建设行动列为重点任务,提出"在东中西部布局5个左右国家职业教育改革省域试点""建设10个左右国家职业教育改革市域试点"。

部省共建国家职业教育创新发展高地是推进职业教育关键领域改革的创新举措,也是落实地方发展职业教育主责的重大制度设计。其核心宗旨是在国家职业教育改革总体框架下,支持有基础、有意愿的地方先行先试,按照东部提质培优、中部提质扩容、西部扩容提质的原则,在东中西部和西部选择若干省(区、市)开展试点,形成一批可复制、可推广的经验。国家按照整省试点和城市试点两类划分试点范围,整省试点侧重区域现代职业教育体系建设和体制机制改革;城市试点侧重产教融合和校企合作,服务区域经济社会发展。目前,东部山东、中部江西、西部甘肃整省试点已形成起步成势的态势,基本形成了南北呼应、相互促进的联动节奏,同时带动其他若干省份整省整市推进职业教育改革的良好局面,激活了改革的"一池春水"。发展职业教育的主责在地方,压实地方主体责任,是办好新时代职业教育的关键。在国家财税体制改革特别是拨款方式变化的背景下,推进高地建设需要进一步创新工作方式,落实"转变职能、简政放权、放管结合、优化服务"等措施,调动和保护地方的积极性、主动性和创造性,形成中央和地方改革同向同行,各地因地制宜、比学赶超的局面。

(三)建设技能型社会

启动实施技能型社会职业教育体系建设地方试点。我国职业教育具有国民教育体系和人力资源开发的双重特征,学校职业教育与职业培训并举是中国特色职业教育的基本特征,也是建设知识型、技能型、创新型劳动者大军的重要组成部分,能够推动职业教育更好地服务现代农业、先进制造业、现代服务业、战略性新兴产业发展需求。2021 年 4 月,全国职业教育大会首提"建设技能型社会"。技能型社会的核心内涵为国家重视技能、社会崇尚技能、人人学习技能、人人拥有技能。中办、国办《关于推动现代职业教育高质量发展的意见》对"技能型社会"建设进行规划,到 2025 年,技能型社会建设全面推进,到 2035年,技能型社会基本建成。

技能型社会的建设需要大量技术技能型人才来支撑,更需要一批高素质的知识型、创新型技能人才来引领。2021 年,人社部印发《"技能中国行动"实施方案》,决定在"十四五"期间组织实施"技能中国行动",计划实现新增技能人才 4000 万人以上,技能人才占就业人员比例达到 30%。紧接着,人力资源和社会保障部与有关省份签订战略合作协议,均将建设技能省市(技能天津、技能河南、技能浙江、技能辽宁等)作为重要内容,加强部省联动,推动各地加大技能人才工作力度。例如,山西印发《山西省新发展阶段"人人持证、技能型社会"建设提质增效工作方案》,按照"14 个战略性新兴产业集群"和"农产品精深加工十大产业集群"的需要,培养技术工人、高素质农民,通过全民技能提升推动全省经济高质量高速度发展,成效显著。浙江省深入推进高技能领军人才培养工程,在全国率先开展企业技能人才自主评价工作,实行学历证书和职业资格证书"双证制",逐步健全终身职业技能教育培训的政策和工作体系,多措并举统筹推进各类教育培训平台建设。截至2020 年底,浙江省技能人才达 1013 万人,其中高技能人才占比达

31.7%。浙江省正在实施以新时代浙江工匠培育工程为抓手的"技能浙江"建设,力争到 2025 年,全省技能人才总量达到 1150 万人,其中高技能人才占比达 35%。

(四)办好面向农村的职业教育

支持办好面向农村的职业教育,强化校地合作、育训结合,加快培养乡村振兴人才,鼓励更多农民、返乡农民工接受职业教育。党的十九届五中全会审议通过《中共中央关于制定国民经济和社会发展第十四个五年规划和二〇三五年远景目标的建议》,明确了"优先发展农业农村,全面推进乡村振兴"的政策导向和重点要求,明确提出"提高农民科技文化素质,推动乡村人才振兴"。通过加大农业人力资本积累促进乡村振兴,农村职业教育在其中发挥着不可替代的重要作用。当前形势下,职业教育在服务乡村振兴方面还存在诸多短板与瓶颈,发展进程中还需要解决各种问题。特别是在一些自然条件相对恶劣、经济社会发展相对落后的地区,职业教育兼具生产、生活、生态保护、文化传播等多重功能,但职业教育的重要作用尚未完全发挥。随着新技术和新产业的发展,乡村发展快步走向现代化,电商平台销售、直播带货、订单农业等新型业态的涌现,需要更多新型农民和技能人才的支持。而当前职业教育的发展与乡村发展的现实需要适应性不强,在办学模式、育人方式、专业设置等方面,针对性、精准性不够。实施乡村振兴要依托各类职业院校的技术力量,开展对当地农民、职工的继续教育和技术培训,培养更多高技术人才,满足本地区对各类技能人才的需求。同时支持企业参与乡村人才培养,引导农业企业建设实训基地、打造乡村人才孵化基地、建设产学研用协同创新基地。

(五)开展技术技能人才培养培训

支持行业企业开展技术技能人才培养培训,推行终身职业技能培训制度和在岗继续教育制度。《国家职业教育改革实施方案》指出，"落实职业院校实施学历教育与培训并举的法定职责，按照育训结合、长短结合、内外结合的要求，面向在校学生和全体社会成员开展职业培训"。《教育部关于学习贯彻习近平总书记重要指示和全国职业教育大会工作会议精神的通知》指出，"要建好国家'学分银行'，推动各种学习成果之间的互认转换，为终身学习提供机会"。《教育部关于职业院校专业人才培养方案制订与实施工作的指导意见》再次强调，"加快建设智能化教学支持环境，建设能够满足多样化需求的课程资源，创新服务供给模式，服务学生终身学习"。国家层面多次出台文件来强调职业教育兼具学历教育与培训教育的职能，职业教育的大发展对提升受教育年限、提高劳动者素质、优化劳动力结构具有重要意义。

全国各地在落实职业教育、学历教育与培训教育并举方面推出了大量举措，部分省市在开展职工教育培训方面形成了大量实践经验。例如，上海市出台《关于推进新时期上海产业工人队伍建设改革的实施意见》，提出力争在岗职工继续教育参与率达到70%，依托上海市终身教育学分银行，为每一位有意愿参与继续教育的职工开通终身学习账户，综合展示个人学习经历、学习能力和学习成果。制定上海特色"双元制"职工继续教育的学习成果管理模式和操作流程，学校学习成果按专业教学计划规定的学分予以认定。2017年，浙江省终身教育学分银行服务体系完成全省在市（县、区）的全覆盖建设，浙江省正在建设"在浙学"市民终身学习体验基地。2020年，浙江省职业院校开展培训120万人次，成为高素质技术技能人才大军的重要供给力量，预计在2025年职业培训达到150万人次，并面向区域中小学生开展职业体验100万人次。

二、健全多元办学格局

(一)构建多元办学格局

构建政府统筹管理、行业企业积极举办、社会力量深度参与的多元办学格局。随着市场经济体制改革的深入,针对我国职业教育办学体制改革,中共中央、国务院出台《中共中央关于教育体制改革的决定》《关于大力发展职业技术教育的决定》等一系列文件和重要指示,鼓励社会各方面联合办学。

面对当前新形势对职业教育提出的新要求,职业教育要增强与经济社会的适应性,需要进一步强化多元主体办学特征,着力提升行业企业等主体参与办学的积极性,全面构建起多元办学格局。2017 年 7 月,国资委、教育部和财政部等六部门联合制定和印发的《关于国有企业办教育医疗机构深化改革的指导意见》明确表示,对国有企业办教育机构施行分类处理,分类施策,深化改革,鼓励国有企业继续举办职业院校,对与企业主业发展密切相关、产教融合且确需保留的企业办职业院校,可由国有企业集团公司或国有资本投资运营公司进行资源优化整合,积极探索集中运营、专业化管理。2019 年,国务院印发的《国家职业教育改革实施方案》指出,经过 5—10 年的时间发展后,职业教育基本完成由政府举办为主向政府统筹管理、社会多元办学的格局转变,由追求规模扩张向提高质量转变,由参照普通教育办学模式向企业社会参与、专业特色鲜明的类型教育转变。针对当前职业教育办学过程中多元办学存在的困难,《意见》提出,健全国有资产评估、产权流转、权益分配、干部人事管理等制度,以鼓励多元办学。

多元办学是职业教育的办学基本特征,被纳入职业教育的立法文件。在新修订的《职业教育法》中,鼓励有条件的企业根据自身生产经营需求,利用资本、技术、知识、设施、设备、场地和管理等要素,单独举办或者联合举办职业学校、职业培训机构。特别明确指出,企业可以根据国务院规定的标准,按照职工工资总额的一定比例提取和使用教育培训经费。教育培训经费可以用于举办职业教育机构、对本单位的职工和准备招用人员进行职业教育和培训等合理用途。这为国有企业办职业教育解决了办学经费投入的法律依据问题,将极大提升国有企业参与举办职业教育的热情。

(二)企业举办和参与举办职业教育

鼓励上市公司、行业龙头企业举办职业教育,鼓励各类企业依法参与举办职业教育。2017年,国务院办公厅发布的《关于深化产教融合的若干意见》指出:"拓宽企业参与途径。鼓励企业以独资、合资、合作等方式依法参与举办职业教育、高等教育……鼓励有条件的地区探索推进职业学校股份制、混合所有制改革,允许企业以资本、技术、管理等要素依法参与办学并享有相应权利。"2019年,国家发改委、教育部印发《建设产教融合型企业实施办法(试行)》,其中提到"省级政府要落实国家支持企业参与举办职业教育的各项优惠政策,实行定期跟踪、跟进服务、确保落地;结合开展产教融合建设试点,在项目审批、购买服务、金融支持、用地政策等方面对建设培育企业给予便利的支持"。

2020年9月,教育部等九部门印发的《职业教育提质培优行动计划(2020—2023年)》强调支持国有企业和大型民营企业举办或参与举办职业教育,鼓励企业利用资本、技术、知识、设施、设备和管理等要素参与校企合作,健全以企业为重要主导、职业学校为重要支撑、产业关键核心技术攻关为中心任务的产教融合创新机制。财政部、教育部下发的《试点建设培育国家产教融合型企业工作方案》中提出"力争到2022年,以中央企业和全国性特大型民营企业为重点,建设培育若干国家产教融合型企业"的具体目标,国有企业在产教融合中的示范引领作用日益明显,还需要进一步从办学动机、产教融合关键成功要素和融合路径上实现突破,构建产教深度融合的长效机制。

政府出台系列文件支持企业参与举办职业教育,实际情况是企业办学参与度不高。根据相关数据统计,2008 年至 2016 年,整个职业教育收入体系中,政府投入占比由 55％上升至 76.29％,而社会投入占比由 1.58％降至 1.07％。自 2014 年开展现代学徒制试点以来,教育部先后批准了 562 个试点单位,但参与现代学徒制试点的企业仅有 17家,在第一批试点验收中,不通过、延期和暂缓通过的达到 37 家,占比 30.0％。企业参加职业教育办学的积极性仍需提高,校企双方未形成稳定互惠的长效机制。建议进一步优化产教融合的政策环境,出台具有针对性、可行性、创新性的企业激励政策。

(三)合作建设职业教育基地

鼓励职业学校与社会资本合作共建职业教育基础设施、实训基地,共建共享公共实训基地。贯彻落实《国务院关于推行终身职业技能培训制度的意见》和《职业技能提升行动方案(2019—2021 年)》,根据《关于提升公共职业技能培训基础能力的指导意见》要求,进一步推进职业技能培训基础能力建设,指导支持各地加强公共实训基地建设,推动职业技能培训资源共建共享,助力大规模开展职业技能培训,以实现更加充分更高质量的就业。

2021 年,国家发改委出台《教育强国推进工程(公共实训基地建设方向)中央预算内投资专项管理办法》,明确了公共实训基地是指由政府主导建设、以就业为导向,向城乡各类劳动者以及企事业单位、社会团体以及产业园区、职业院校、技工院校、技能培训机构等提供技能实训、技能竞赛、技能等级认定、创业培训、就业招聘、师资培训、课程研发等服务的公共性、公益性、开放性、综合性公共就业服务场所,从资金保障、项目管理、监督检查多个方面来推动公共实训基地的建设和落地。

同年,国家发改委印发的《关于推动公共实训基地共建共享的指导意见》提到要"坚持统筹融合",鼓励各地以公共实训基地为平台,统筹优化工会、院校、行业、企业及其他社会组织的培训资源,提升综合利用效率。

2019 年,国务院印发《国家职业教育改革实施方案》,提出打造一批高水平实训基地。要求加大政策引导力度,充分调动各方面深化职业教育改革创新的积极性,带动各级政府、企业和职业院校建设一批资源共享,集实践教学、社会培训、企业真实生产和社会技术服务于一体的高水平职业教育实训基地。面向先进制造业等技术技能人才紧缺领域,统筹多种资源,建设若干具有辐射引领作用的高水平专业化产教融合实训基地,推动开放共享,辐射区域内学校和企业;鼓励职业院校建设或校企共建一批校内实训基地,提升重点专业建设和校企合作育人水平。积极吸引企业和社会力量参与,指导各地各校借鉴德国、日本、瑞士等国家经验,探索创新实训基地运营模式。提高实训基地规划、管理水平,为社会公众、职业院校在校生取得职业技能等级证书和企业提升人力资源水平提供有力支撑。

三、协同推进产教深度融合

(一)统筹产教融合发展规划

各级政府要统筹职业教育和人力资源开发的规模、结构和层次,将产教融合列入经济社会发展规划。《关于深化产教融合的若干意见》指出,"同步规划产教融合与经济社会发展。制定实施经济社会发展规划,以及区域发展、产业发展、城市建设和重大生产力布局规划,要明确产教融合发展要求,将教育优先、人才先行融入各项政策。结合实施创新驱动发展、新型城镇化、制造强国战略,统筹优化教育和产业结构,同步规划产教融合发展政策措施、支持方式、实现途径和重大项目"。《职业教育法》中提出各级人民政府应当将发展职业教育纳入国民经济和社会发展规划，与促进就业和推动发展方式转变、产业结构调整、技术优化升级整体规划、统筹实施。

全国各省区市将产教融合纳入当地发展规划并出台了相应的文件，也形成了一定的实践经验。2018年，苏州市出台《关于深化产教融合的实施意见》，将产教融合作为促进经济社会协调发展的重要举措，融入经济转型升级各环节，贯穿人才开发全过程。结合全面实施创新驱动发展、《中国制造2025江苏行动纲要》、"一中心、一基地"建设、"一带一路"交会点建设、苏南国家自主创新示范区建设、扬子江城市群建设等战略部署，突出江苏制造业基础和创新优势，统筹优化产业和教育结构，将产教融合发展纳入全省经济社会发展规划修编以及区域发展、产业发展、城乡建设和重大生产力布局等专项规划，同步推进产教融合发展政策制定、要素支持和重大项目建设。将产教融合情况列为创新型城市、创新型县（市）、创新型乡镇建设的重要内容，优化调整相关考核指标。各地市相应地将产教融合纳入规划，2020年，杭州市出台《关于深化产教融合的实施意见》，提出要构建教育和产业统筹融合发展格局，同步规划产教融合与经济社会发展。将产教融合发展纳入全市经济社会发展总体规划以及区域发展、产业发展、城市建设和重大生产力布局规划，同步推进产教融合发展政策制定、要素支持和重点项目建设。

（二）打造产教融合型城市和企业

以城市为节点、行业为支点、企业为重点，建设一批产教融合试点城市，打造一批引领产教融合的标杆行业，培育一批行业领先的产教融合型企业。2021年，国家发改委办公厅、教育部办公厅发布《关于印发产教融合型企业和产教融合试点城市名单的通知》，在全国选取21

个城市、63 家企业开展产教融合试点,其中浙江省杭州市、宁波市成功入选产教融合试点城市,浙江吉利控股集团有限公司、万向集团公司、浙江华海药业股份有限公司、公牛集团股份有限公司成功入选产教融合试点企业。文件明确要求切实深化产教融合,促进教育链、人才链与产业链、创新链深度融合、有机衔接。

2019 年,国务院印发《国家职业教育改革实施方案》,提出推动校企全面加强深度合作。职业院校应当根据自身特点和人才培养需要,主动与具备条件的企业在人才培养、技术创新、就业创业、社会服务、文化传承等方面开展合作。学校积极为企业提供所需的课程、师资等资源,企业应当依法履行实施职业教育的义务,利用资本、技术、知识、设施、设备和管理等要素参与校企合作,促进人力资源开发。在校企合作中,学校可从中获得智力、专利、教育、劳务等报酬,具体分配由学校按规定自行处理。在开展国家产教融合建设试点基础上,建立产教融合型企业认证制度,对进入目录的产教融合型企业给予"金融+财政+土地+信用"的组合式激励,并按规定落实相关税收政策。试点企业兴办职业教育的投资符合条件的,可按投资额一定比例抵免该企业当年应缴教育费附加和地方教育附加。营造企业承担职业教育责任的社会环境,推动职业院校和行业企业形成命运共同体。

产教融合型企业被写入职业教育的法律条文,上升为法律意志。2021 年 6 月,《职业教育法(修订草案)》提出对深度参与产教融合、校企合作,在提升技术技能人才培养质量、促进就业中发挥重要主体作用的企业,按照国家有关规定予以奖励;符合条件的,可以认定为产教融合型企业,按照国家有关规定给予支持。

地方在深入产教融合,发挥政府统筹协同作用,同步规划产教融合和经济社会发展,优化职业教育、高等教育布局,促进教育和产业联动发展等方面实施了具体举措。杭州印发了《杭州市深化产教融合实施意见》《杭州市深化职业教育改革实施方案》《杭州市科技成果转化资

金管理办法》等文件。此外,杭州还深入实施"新制造业计划",在新兴产业培育工程、传统产业提升工程和经典产业传承工程等领域,谋划建设一批产教融合联盟、一批产教融合示范基地、一批产教融合型试点企业、一批产教融合工程项目和一批产学合作协同育人项目,完善"十四五"产教融合项目库建设。

(三)培育产教融合服务组织

积极培育市场导向、供需匹配、服务精准、运作规范的产教融合服务组织。2017年,国务院办公厅印发的《关于深化产教融合的若干意见》指出,要规范发展市场服务组织。鼓励地方政府、行业企业、学校通过购买服务、合作设立等方式,积极培育市场导向、对接供需、服务精准、运作规范的产教融合服务组织(企业)。支持利用市场合作和产业分工,提供专业化服务,构建校企利益共同体,形成稳定互惠的合作机制,促进校企紧密联结。职业教育产教融合服务组织在促进产业需求与人才培养标准有效对接、生产过程与教学过程相对接、生产环境与教学环境有机融合等方面具有重要功能。以行业协会、教学指导委员会为代表的职业教育产教融合服务组织发挥其专业优势,基于本行业的特点与发展需求,通过发布职业教育产教融合信息、预测技术变化趋势和人才需求,在职业标准和教师标准的制定等方面发挥重要作用。以培训评价组织、培训型企业等社会力量组成的职业教育产教融合服务组织,既熟知人才培养规律又懂产业发展规律,在市场化运作机制之下,能及时洞悉行业发展方向与人才需求情况,通过高质量参与职业院校的培养方案制订、课程体系设置、实习实训基地建设、师资队伍建设等,推进职业教育人才培养质量的有效提升。

(四)发布产业、行业和人才需求报告

分级分类编制发布产业结构动态调整报告、行业人才就业状况和

需求预测报告。2012年以来,我国逐步建立起国家、省级、校级职业教育质量年报制度。职业院校立足区域经济发展,为社会输送大批技术技能人才。《2020中国职业教育质量年度报告》显示,中职毕业生的雇主用工满意度大幅提升,高职院校将近60%的毕业生留在当地就业,超过1/4的毕业生选择在西部地区和东北地区就业,66%的毕业生在中小微企业就职。高职院校在2019年共扩招116万人,百万扩招如期顺利完成,为经济可持续发展积蓄人力资源。

职业院校的专业设置要紧跟行业和产业的变化。2014年,《国务院关于加快发展现代职业教育的决定》提出,积极"科学合理设置专业,健全专业随产业发展动态调整的机制"。高等职业教育专业动态调整必须坚持服务区域经济发展的原则,根据区域经济发展与产业发展规划和企业用人需要,持续发布年度专业布局和需求分析报告,建立专业设置的预警机制和动态调整机制,做到专业随着经济方式转变"走",跟着产业结构调整"变",围绕企业人才需求"转",不断增强职业教育服务区域经济发展能力。开展专业评估,引导高职院校主动适应经济社会发展需求,合理设置高职专业,提高专业设置与产业发展的契合度、人才培养结构与产业结构的匹配度,逐步建立科学的专业结构体系。通过控制招生指标进行调控,对于专业布点多、重复设置率高、规模大的专业要严格控制招生指标。

职业教育的办学情况要接受专家组织如教育部职业院校教学(教育)指导委员会(简称教指委)、全国行业职业教育教学指导委员会(简称行指委)的指导,教指委、行指委受教育部委托,由各行业主管部门或行业组织牵头组建和管理,对相关行业(专业)职业教育和培训工作进行研究、咨询、指导和服务。当前的56个行指委覆盖了中高职95%的专业,向社会发布了60个《行业人才需求与专业设置指导报告》、13个行业职业教育年度报告,指导地方职业院校规划发展,推动教育标准落实。以全国电子商务职业教育教学指导委员会为例,电商教指委搭建了区域电子商务行业人才需求实时数据平台,通过问卷调研、访谈调研等形式,对全国 31 个省区市的 10505 家企业开展调研,进行典型职业活动分析,建立了本行业人才培养结构优化研究机制与专业教学标准开发机制。

参考文献

[1] 潘海生,裴旭东.职业教育产教融合服务组织:动力、内涵与功能优化[J].职业技术教育,2019,40(27):22-26.

[2] 周凤华.职业教育多元办学格局的现状与发展策略[J].中国职业技术教育,2021(12):75-81.

[3] 刘奉越,王丽婉,高婷婷.职业教育产教融合研究的文献计量分析及话语体系构建[J].河北师范大学学报(教育科学版),2022,24(2):78-86.

[4] 莫晓瑾,李强,束海星.产教融合型企业生成的时代内涵、逻辑机理及推进路径[J].教育与职业,2022(6):54-58.

[5] 张志平.职业教育产教融合 2.0 时代的内涵演进、应然追寻、实然状态与路径抉择[J].成人教育,2022,42(3):66-73.

创新校企合作办学机制

刘兆阳

校企合作建立长期的、稳定的合作关系,不仅是建设创新型国家的客观需要,也是企业不断提高自主创新能力的客观需要,更是高校不断将科技创新和人才培养紧密结合的客观需求。坚持校企合作,实际上就是要坚持并发展职业教育的跨界属性,正确处理好校企关系,积极倡导和全面推动双主体办学,实施专业对接产业、课程对接岗位、教学过程对接生产经营过程,真正推动校企优势互补。

校企合作办学乃至校企双主体办学,是职业教育的重要优势和重要特征,也是职业教育实现高质量发展的关键,中共中央办公厅和国务院办公厅印发的《关于推动现代职业教育高质量发展的意见》(以下简称《意见》),就职业教育高质量发展提出了明确的指导思想和目标要求。《意见》分3个方面17个要点展开论述,明确要求,部署工作。

一、丰富职业学校办学形态

《意见》明确指出:"职业学校要积极与优质企业开展双边多边技术协作,共建技术技能创新平台、专业化技术转移机构和大学科技园、科技企业孵化器、众创空间,服务地方中小微企业技术升级和产品研发。推动职业学校在企业设立实习实训基地、企业在职业学校建设培养培训基地。推动校企共建共管产业学院、企业学院,延伸职业学校办学空间。"概括而言,此部分内容主要分为3个要点,主要要求职业学校与企业开展多边合作,共建共享技术创新平台、专业化技术转移机构和大学科技园、科技企业孵化器、众创空间等,同时推动共建共管产业学院、互设培训园基地等。

（一）校企合作服务技术创新和产品研发

构建中国特色校企合作关系，促进大学和企业更深层次的合作，是企业和大学开放合作的迫切需求。《意见》明确指出："职业学校要积极与优质企业开展双边多边技术协作，共建技术技能创新平台、专业化技术转移机构和大学科技园、科技企业孵化器、众创空间，服务地方中小微企业技术升级和产品研发。"《国家中长期科学和技术发展规划纲要（2006—2020年）》也提出，提高自主创新能力，建设创新型国家必须建立"以企业为主体，以市场为导向，产学研相结合的技术创新体系"。地方中小微企业是地方经济发展的重要引擎，与高等职业院校一起，是提高自主创新的两个主体。前者是面向市场的技术需求主体，后者则是教学、科研面向社会的技术创新源头，二者之间存在着天然的联系和互补性。高等职业院校尤其是高职院校、应用型本科院校的功能定位不应该局限于人才培养，还应该注重科学研究（应用型研究）、社会服务（服务区域经济、文化建设）等价值实现。高等职业院校校企合作协同创新应进行应用性、生产性等具体操作层面的研究，将抽象、原理性、纯粹科学研究具化为新产品、新工艺、新管理规范、新业务流程，重视将科研成果服务于广大企业或普通受众。强化地方中小微企业与高等职业院校的联系，充分发挥两者之间互补的优势，对企业技术创新具有重大的战略意义。

《意见》指出，职业学校要积极与优质企业开展双边多边技术协作。这为新时代现代职业教育实现高质量发展奠基的同时，也为地方企业实现新一轮技术升级和技术优势的保持提供了必要的政策保障。高等职业院校培养人才的最终目的是促进技术的变革和社会的发展，其中便包含促进地方中小微企业的发展，服务地方经济运行。为了实现此目的，高等职业教育与地方中小微企业之间必须搭建畅通的桥梁以便于联系和协作。因此,高等职业院校与企业开展双边技术协作是必要的,更是必须的。同时,高等职业院校与企业建立直接联系,开展双边技术协作虽然是技术互补的重要跨越,但还有进一步补强的空间,而这个空间的挖掘不再仅仅依靠高等职业院校和地方中小微企业两方,还应该有来自其他方面的力量的支持。比如,政府政策的支持以及社会力量的关注和支持,因而,职业学校不仅需要积极与企业开展双边技术协作,还应当与其他相关方开展全方位的技术协作;不仅应当在产品创新力上进行协作,还应在管理机制创新、服务方式创新、研发机制创新等多个方面进行协作。

高等职业院校服务社会的责任和能力的实现,不能仅仅体现在数量的增长上,更应该体现在服务质量的提升上。高等职业院校在地方具有较强的技术创新引领作用,往往能够为地方中小微企业提供较为充分的技术支持和服务保障。同时,其在地方产教融合过程中也具有较强的引领作用,要想更好地服务地方,充分实现校企合作的价值,高等职业院校进行校企合作更应该在对象选择上呈现出较强的针对性和自主性。地方优质企业往往在地方的经济发展和企业发展中有较强的引领作用。因而,高等职业院校进行校企合作,应当将对象主要锁定在地方优质企业上,通过强强联合积累相关经验,在地方形成示范效应并逐步加以推广,因而,高等职业院校要积极与优质企业开展双边多边技术协作。高等职业院校校企合作服务技术创新,应以市场为导向,由企业提出技术创新需求,高等职业院校提供智力支持,校企共同进行新技术应用层面的合作,促进科学研究的知识成果向应用领域转化,促进科技成果的产品化、商业化应用和推广,着力在"新技术应用"层面展开合作。

高等职业院校如何积极与优质企业开展双边多边技术协作?《意见》给出了明确的答案。《意见》明确指出:"共建技术技能创新平台、专业化技术转移机构和大学科技园、科技企业孵化器、众创空间。"以此服务地方中小微企业技术升级和产品研发。目前,部分高等职业院校已经与地方企业进行合作,创立了部分技术技能创新平台,部分高校在校内设立了相关研究中心,并与地方企业保持紧密联系。很多院校也在校内设立了创新创业基地、科技园等相关创新研究载体。当然,校企合作服务技术创新和产品研发包括但不限于这些方式,随着校企合作日趋紧密,应有更多创新性的合作平台和载体不断涌现。

(二)校企合作促推基地建设和人才培养

《意见》明确指出:"推动职业学校在企业设立实习实训基地、企业在职业学校建设培养培训基地。"建设合作基地并加强人才培养也是校企合作的重要方面。校企合作服务技术创新和产品研发是高等职业教育与企业进行合作的重要目的。而为了实现这个重要目的,必须有目的实现的基础和保障。任何技术的创新和产品的研发关键因素都在于人。高等职业教育既是我国高等教育的重要组成部分,也是职业教育的重要组成部分,兼具高教性和职教性双重属性。探索建立适应高等职业教育特点的校企合作机制和体制,是高等职业教育特色办学和提高人才质量的基础性条件。经过长期的实践探索,尤其是 21 世纪以来的创新实践,高等职业教育应以服务为宗旨、以就业为导向,走产学研相结合的发展道路的办学方向已经非常明确,推进校企合作办学、构建工学结合的人才培养模式已经快速深入人心。因而,注重同步规划职业教育与经济社会发展,协调推进人力资源开发与技术进步,推动教育教学改革与产业转型升级衔接配套,突出高等职业院校办学特色,强化校企协同育人,已经成为高等职业教育实现高质量发展的重要保障。推动技术创新和产品研发的基础,便是通过校企合作,进一步推进基地建设和人才培养,从而为校企合作服务技术创新和产品研发提供必要保障和支持。

一方面,要推动职业学校在企业设立实习实训基地。长久以来,高等职业院校在校外设立实习实训基地,让基地成为学生的第二课堂和技能实战场,已经成为高等职业院校育人的重要途径。高职院校相较于普通本科院校而言,更加侧重于技能型人才的培养,因而,如何在校外设立更多更优质的实习和实训场所,切实提升高职学生的职业技术能力和职业素养,一直是高职院校探索的重点,也是高等职业院校发展定位区别于普通本科院校的重点。随着国家对高等职业教育发展的重视,国家加大了对高等职业教育的投入力度,高等职业教育发展迎来了新机遇,高等职业院校理应乘着高职教育发展的"东风",抓住自身的优势,实现人才培养目标。因而,通过加强校外实习实训基地建设,将纸面上的理论应用于鲜活的实践中去,让学生在实习和实训中夯实基础,学习新本领,收获新感悟便显得异常重要和关键。部分高等职业院校在国家法律法规范围内,解放思想、大胆创新,在校企合作共建实习实训基地方面进行了积极探索,取得了许多经验,尤其是国家示范性高职院校先行先试、大胆改革,更结出了许多成果。浙江金融职业学院作为国家首批示范性高等职业院校建设单位,从 2006 年开始,紧密结合自身办学特点和优势,按照"传承行业优势、服务地方经济、培养实用人才"的办学定位,坚持"就业立校、服务强校、合作兴校"办学方针,以人才培养工作为主体,全面履行高职院校四大职能,在"行业、校友、集团共生态"办学模式推进过程中,加强校外实习和实训基地建设,在校企合作体制机制创新方面取得了显著成果,既推进了学生就业,提高了人才培养质量,也促进了学校继续教育、岗位培训和社会服务功能的拓展,全面提升了学校的综合办学效益。《意见》的出台,可以说是为高职院校加强校外实习实训基地建设提供了政策指引和指导,必将为高职院校培养具有更高技术与素养的复合型技能人才注入更强的推进剂。

另一方面,要推动企业在职业学校建设培养培训基地。地方中小微企业的发展有政策红利的支持,面临着新机遇,但同时也存在新挑战,核心竞争力不足一直是中小微企业的痛点。其中的重要原因便是企业的高质量技能人才不足,技术创新水平受人才匮乏的制约性较大。因而,发掘并建设一支属于企业自身的高质量技术技能人才队伍,是企业增强核心竞争力,提高服务地区经济发展能力的关键。同时,高职院校就业也面临着一些难题,人才培养与职业选择存在不对口、联系不紧密的现象,很多专业人才因为找不到合适的职位而跨专业就业,抛掉了老本行;很多企业的部分职位因为找不到专业对口的学生而出现无人应聘的局面。企业和高职院校人才是一种双向选择的关系,如何让高职学生尽可能高质量就业,同时保证企业能够获得符合自身发展的高质量人才,这需要企业加强与高职院校的紧密联系。通过校企合作,推动企业在高等职业院校建设培养培训基地,既能够让企业有目标、有针对性地培养选拔人才,也可以让高职院校的人才培养更有针对性,更能够在一定程度上实现人才毕业即就业的目标。浙江金融职业学院一直致力于支持企业在校建立培养培训基地,学校以银领学院为基地,以开设订单班为渠道,不断为企业输送专业化、高技能的金融专业复合型高素质人才,并培养了一大批优秀校友,被业界誉为"金融黄埔""行长摇篮"。同时,学校还依托办学文化和办学优势,与各大银行协商建立校内培养培训基地,为地区培养了大量金融从业人才,持续服务地区经济发展。

(三)校企共建产业学院延伸学校办学空间

《意见》明确指出:"推动校企共建共管产业学院、企业学院,延伸职业学校办学空间。"以共建产业学院为契机,深化企业与学校在"产学研"等方面的合作,依托合作企业优势资源,坚持产业发展需要什么样的人才,学校就培养什么样的人才的办学思路,建立以市场需求、行业标准、职业需要为导向的人才培养体系,是学校和企业共创双赢的重要路径。校企共建产业学院、企业学院也是贯彻落实党中央、国务院关于产教融合发展的决策部署,围绕区域、产业、行业、企业需求,进一步深化产教融合的重要举措。完善协同育人机制、创新人才培养模式、构建产学研创一体化融合平台,有助于提高高等职业院校的办学层次和办学质量,同时也可以促进校企双赢,从而更好地服务产业发展和区域经济。就未来社会经济发展而言,校企共建产业学院、企业学院对于推动校企双方建立长期、紧密的合作关系,以区域产业发展急需为牵引进行深度合作,打造集专业人才培养、关键核心技术研究、前沿技术创新应用推广、专业师资赋能、辐射地方产业、企业孵化服务、学生创业辅导等功能于一体的示范性人才培养实体,都具有重要意义和价值。

产业学院就概念而言,是以提升高校服务特定产业能力为目标,整合高校、政府、行业、企业资源,建立以应用型人才培养为主,兼有学生创业就业、技术创新、科技服务、继续教育等多功能的、多主体深度融合的新型实体性办学机构。目前,越来越多的地方政府、高职院校与行业企业开始探索产业学院的建设,产业学院已经成为高职院校与产业共同培养人才的重要组织形式。构建校企协同育人的产业学院、企业学院,对实现人才精准培养、专业建设与企业发展有效衔接具有十分重要意义。

《意见》的出台为校企合作共建产业学院和企业学院提供了新机遇,但就当下而言,产业学院、企业学院的发展仍面临着问题与挑战,在校企共建产业学院的过程中主要存在着合作办学力度不够,合作模式成效不显著等问题,这些问题制约着产业学院的自我发展与自我转型。具体就合作办学力度而言,高校和企业基于纽带关系共建产业学院,但企业不是慈善机构,企业经营的目标是经济效益最大化,共建产业学院时不得不考虑学生学习实践的风险性问题,这和高校追求教学价值和社会效益的目标存在定位偏差。同时就校企合作办学模式而言,校企双方在共建产业学院的时候缺乏长远性的规划,很多是以招生为目的的短期性协议,现有的校企合作形式仅限于高校资金投入、企业设备参与,合作并没有深入高等职业院校的办学理念中,合作双方达不到合作的同频共振,这也长期制约着人才培养教学质量的提升。

如何把握当下的机遇,克服困难,迎接挑战？对此,产业学院建设坚持以育人为本,牢牢把握立德树人根本任务和人才培养中心工作,紧紧围绕产业需求和学生个人发展需要,推动专业链、人才链与产业链精准对接,培养和造就具有家国情怀、工匠精神和符合行业企业需要的高素质技术技能型人才;同时坚持共建共管,充分发挥学校和企业在人才培养过程中的"双元"育人和地方政府、行业协会、社会第三方的作用,形成多方参与、共同建设、共同管理、资源共享、责任共担、评价多元化的办学模式;坚持互动发展,以技术技能型人才培养为载体,实现教学与科研互动,培养学生职业素养、职业技能和创新能力,以项目为载体,推动企业与学校互动,在企业员工和学校教师培养、实习实训、技术创新、成果转化、产品研发等方面加强信息共享、人力智力协同,努力将产业学院建设呈现"产学研用"四位一体的生动局面,促进校企共赢发展,更好地服务经济社会建设。另外,企业可以通过生产环境、行业经验、技术掌握等优势,引导高等职业院校学生参与实践,让高等职业院校的学生在专业选择上更具有多样性。校企双方也可借助行指委的平台,搭建职教集团联盟,共同办学。浙江金融职业学院积极推进产业学院建设,出台了《产业学院管理办法》,新建"云商产业学院"和"全速数媒学院"。优化校企协同育人机制、推动校内外生产性教学实践基地建设。接下来,学校将进一步推进产教融合,深化校政、校地、校企的合作,强化"五个对接"推进产业学院高质量发展,建立学校和行业深度融合、校企联合培养、双主体育人的人才培养机制,深化学徒制人才培养和订单式人才培养,推动企业深度参与协同育人,优化高素质技术技能人才培养体系,持续提升产业学院的办学实效。

二、拓展校企合作形式内容

《意见》明确指出:"职业学校要主动吸纳行业龙头企业深度参与职业教育专业规划、课程设置、教材开发、教学设计、教学实施,合作共建新专业、开发新课程、开展订单培养。鼓励行业龙头企业主导建立全国性、行业性职教集团,推进实体化运作。探索中国特色学徒制,大力培养技术技能人才。支持企业接收学生实习实训,引导企业按岗位总量的一定比例设立学徒岗位。严禁向学生违规收取实习实训费用。"概括而言,此部分内容主要强调职业学校要主动谋求或吸纳对人才培养全过程的参与,同时鼓励龙头企业,建立职教集团,探索中国特色学徒制办学,等等。总体看,是鼓励校企进行多形式、多渠道的深度合作。

(一)校企联合培养人才注重双向全过程参与

当前,对于高职院校培养的高技能人才,社会普遍反映质量较低,动手能力不强,解决实际问题的能力较差,适应企业工作比较慢。对于这些问题,高职院校似乎找到了问题的症结,都在对固有的院校培养模式进行改良,以校企合作的方式培养高技能人才。然而,传统的校企合作模式并无益于高技能人才的培养。一方面,高技能人才的能力特征主要反映在四个方面:一是技艺精,二是规律通,三是善创新,四是多技能。显然,高技能人才的能力特征涉及隐性知识性质的"经验"范畴。而且,这些能力通常必须在实际工作环境下,通过长时间的、持续的实践才能形成。而以学校为主的校企合作模式,简单追求各种"证书"的获取,工作环境下的经验积累很少,培养出来的技能型人才的技能就相当缺乏,这恰恰是与高技能人才的培养目标相悖的。另一方面,在市场经济条件下,作为经济活动的法人实体和市场竞争的主体,企业是以追求经济效益最大化为目标的,其行为方式必然受到这种行为目标的制约。企业以校企合作的形式参与高技能人才的培养,合作本身并不是目的,而是实现其特定利益的一种手段。这种特定利益也许包括:选择"用得上、留得住"的高技能人才,利用学校教育资源提升企业人力资源素质,通过对教育的支持树立企业的正面形象。但是,在一般情况下,校企合作中的校方往往处于优势地位,以学校为主的校企合作模式并不能充分保障企业的正当利益,企业参与的积极性因此会打折扣。概括而言,高职院校和企业各自性质的不同,决定了二者管理体制的不一致,以学校一方为主的校企合作模式无法建立起一种有效的协调机制,再加上合作的利益分配机制不完善,同时,还缺乏政府、社会等外部条件的政策支持和有效的信息沟通。因此,传统的校企合作处于一种无序的状态,缺乏活力,无法建立一种良性的动力机制。这也决定了这种模式更多的是靠"人情关系"来维持。

《意见》明确指出:"职业学校要主动吸纳行业龙头企业深度参与职业教育专业规划、课程设置、教材开发、教学设计、教学实施,合作共建新专业、开发新课程、开展订单培养。"这为校企深度合作指明了方向。换句话说,高技能人才培养的校企合作应是一种校企双向互动的模式,注重双方全过程参与。传统的高职院校高技能人才培养的校企合作模式将高技能人才的培养一般分为学校培养和企业培养两个部分:学生在学校完成基本文化素质、专业理论知识和基本操作技能的培养,使学生的专业理论达到高级技能人才的标准并具备一定的职业能力;学生在企业实现实践经验的积累,从认识性实习逐渐过渡到生产性顶岗实习,逐步提升动手能力并达到相应级别高级技能人才的专业技能水平。《意见》则避免将两个部分(阶段)割裂,注重校企在人才培养过程中所发挥的同时性、实时性作用,并更加注重实质性、更深层次的交流与合作。学校阶段教学的课程设置、教材开发、教学设计、教学实施,合作共建新专业、开发新课程、开展订单培养应充分征求合作企业的意见,并需要企业参与其中发挥作用,聘请企业生产骨干到校兼任实训教师;同时,学校也全程参与以企业为主的生产实践教学。这是校企合作双向全过程交流的重要体现,也是校企合作向更深层次、更广领域、更全方位发展的重要表现。

(二)鼓励龙头企业实体运作职教集团

我国职教集团的出现以 1992 年 10 月北京西城区旅游职业教育集团成立为标志,发展至今已有 30 年的历史,已逐步成为我国特色职业教育发展模式。目前,超过 90% 的高职院校已成为职教集团的组织者或成员,初步形成行业和区域职教集团纵横交错,学校、企业、行业多方联动发展的格局。然而,职教集团在实际运作的过程中由于多方要素跨界成团,大多存在建设规划缺乏、成员结构松散、运行效能较低等发展瓶颈,这些瓶颈制约了其可持续发展。

职教集团实体化即是由政府、行业、企业、社会团体、高等职业院校等若干独立法人组织组成,通过资本或合同作为联结纽带,共同参与集团建设,共享利益,共担风险,能独立核算的社会实体组织,是针对职教集团仅有形式上、名义上存在的虚设状态所提出的有形化实践。职教集团成为社会实体组织应满足三个基本条件:一是具有独立法人资质或产权,是"责、权、利"相统一的实体组织;二是具有集团项目治理架构、运营机制及运作环境;三是具有依托社会、自我管理、可持续发展的绩效衡量。实体化后的职教集团是运用集团内部各成员要素资源,向市场提供项目服务或产品,实行自主经营、共同收益、共担风险、独立核算的法人或其他社会经济组织。职教集团实体化的意义在于,通过明确独立法人地位,厘清法律主体,使得集团权责明晰对等;通过建立独立治理架构,提高运营效率,使得集团实现良性治理;通过实施独立项目核算,明晰绩效考评,使得集团风险利益共担,最终实现多方共赢。

《意见》明确指出:"鼓励行业龙头企业主导建立全国性、行业性职教集团,推进实体化运作。"行业龙头企业主导建立全国性、行业性职教

集团,推进实体化运作,应当把握实体化建设基本方向,遵循权责对等、市场导向、共建共享的建设原则,明确实体化建设目标,由行业龙头企业主导、职教集团各主体共筑良性生态环境,共同开展多方合作项目,最终实现多方资源多向流通,提升职教集团运作效能。

具体而言,职教集团实体应面向区域发展战略定位与产业整体布局,通过搭建产业和教育资源聚集与要素交换平台,建立成员利益表达机制,共同开发集团高品质教育服务或产品项目。包括在从业准备、转岗需求、新技能诉求等方面开发教育培训、职业体验等项目,以核心项目作为利益纽带促进各方共赢,提升教育服务品质、培训效率及产业等级,满足不同层次、不同发展阶段的教育需求。同时,职教集团实体应设立独立组织架构实施项目式运营,不断完善集团现代治理体系,形成高绩效工作系统与资源共享平台。职教集团实体应当着眼于集团核心项目需求方,包括集团内部需求与外部需求,以项目团队为基本工作单元实施自主运营与自我管理。集团各项目间应有明晰的建设目标与任务界限。建立团队成员的工作轮换制度,提升集团实体运营的灵活性和应变性。建立项目绩效考核制度,提升集团成员参与项目的积极性与主动性。

(三)探索并完善中国特色学徒制办学模式

《意见》明确指出:"探索中国特色学徒制,大力培养技术技能人才。支持企业接收学生实习实训,引导企业按岗位总量的一定比例设立学徒岗位。严禁向学生违规收取实习实训费用。"当前,我国面临着产业基础高级化、产业链现代化的发展任务,职业教育在我国产业基础高级化、产业链现代化的建设过程中具有重要地位。党的十九届五中全会通过的《中共中央关于制定国民经济和社会发展第十四个五年规划和二〇三五年远景目标的建议》提出"探索中国特色学徒制"和"建设高质量教育体系"的发展目标。可以发现,探索中国特色学徒制是党中央基于国际国内发展环境及我国紧迫的发展任务所提出的具有战略意义的目标规划,明确中国特色学徒制的内涵及其实施路径,有助于全社会凝聚共识、形成力量、推动我国职业教育转型升级,助力中国特色社会主义现代化建设目标的实现。

探索形成中国特色学徒制是中国特色社会主义伟大事业的重要组成部分,是立足中国大地办教育、走出一条符合中国国情与社情的职业教育新道路的基本要求。为此需要从三方面着力:一是推行线上线下混合式学徒制,解决中国职业教育规模大、一对一指导实践师资不足的现实难题。高等职业院校要规范管理制度,健全协调机制,与企业、行业等潜在用人单位的实践导师建立点对点的联系机制,借助网络将现场指导与网上观摩有机结合,实现每一组学生轮流接受线下指导和网上观摩的教学安排,形成符合中国国情的混合式学徒制指导模式。二是因地制宜实施现代学徒制。现代学徒制是为了发挥学校教育与实践导师各自优势的教育教学组织制度。不同专业对实践导师的需求程度不同。有些专业通过见习观摩的方式就能够实现理论知识向实践操作的转化,不一定要实施严格的学徒制;有些专业依靠集体讲座指导和研习实践场所视频即可达到预期目标,也不一定要实施学徒制进行现场指导;有的专业必须在实践现场反复磨炼才能掌握要领,达到预期培养目标,这样的专业才需要实施学徒制。这就需要政府部门联合行业协会对职业教育的专业类型进行梳理,分出学徒制培养方式的需求等级,对于学徒制需求程度高的特定专业,国家需要设立特定专业学徒制扶持政策,形成具有中国特色的学徒制管理制度。三是建立学徒制管理委员会,统一领导全国学徒制实施。国家要充分发挥中央集中统一领导的制度优势,要求全国各地成立学徒制管理委员会分会,吸纳行业、企业、政府、高校等部门有影响力的人员参与委员会。学徒制管理委员会分会还需设立日常事务管理办公室,全面负责学徒制的宣传、资源整合、工作协调、问题解决等事务,为中国特色学徒制高效运行提供组织保障。

同时,要从舆论宣传、立法、行政、经费等方面为中国特色学徒制提供全面保障。首先,利用各类媒体加强对我国职业教育和中国特色学徒制的宣传,宣传职业教育对我国经济社会发展的重要意义和所做出的巨大贡献,努力改变人们轻视职业教育和学徒制的思想观念,为中国特色学徒制有效施行提供思想认识保障。其次,国家立法部门要加强中国特色学徒制的相关立法。围绕金融、税收、行政许可等方面展开立法,为中国特色学徒制的高质量实施提供法律保障。再次,政府执法部门要加大执法力度,按照履职尽责情况对相关政府部门、企事业单位、行业协会及时奖惩。同时,教育行政部门要委托行业协会或社会专业组织对学徒制实施效果进行年度监测和阶段评估,督促相关部门真正担负起责任,齐心协力推动中国特色学徒制的高质量运行。最后,政府、高校、企业联合保障中国特色学徒制的运行经费。教育是社会公益事业,职业教育主要为地方经济社会发展服务,因此地方政府有必要也有义务为高等职业院校的学徒制提供专项的财政补助。企业作为潜在用人单位也有责任拿出一定的利润来补贴实践导师,支持学徒制的实施。高等职业院校作为学徒制的实施主体,责无旁贷要承担相当比例的费用。

三、优化校企合作政策环境

《意见》明确指出:"各地要把促进企业参与校企合作、培养技术技能人才作为产业发展规划、产业激励政策、乡村振兴规划制定的重要内容,对产教融合型企业给予'金融+财政+土地+信用'组合式激励,按规定落实相关税费政策。工业和信息化部门要把企业参与校企合作的情况,作为各类示范企业评选的重要参考。教育、人力资源社会保障部门要把校企合作成效作为评价职业学校办学质量的重要内容。

国有资产监督管理机构要支持企业参与和举办职业教育。鼓励金融机构依法依规为校企合作提供相关信贷和融资支持。积极探索职业学校实习生参加工伤保险办法。加快发展职业学校学生实习实训责任保险和人身意外伤害保险,鼓励保险公司对现代学徒制、企业新型学徒制保险专门确定费率。职业学校通过校企合作、技术服务、社会培训、自办企业等所得收入,可按一定比例作为绩效工资来源。"概括而言,此部分内容分为9个要点,特别明确对产教融合型企业在"金融＋财政＋土地＋信用"方面的优惠,同时强调金融机构对校企合作的支持,国家收入分配政策及绩效工资对校企合作的支持,营造一个有利于校企合作的良好生态和环境。

(一)各地按规定提供相关税费政策支持

税费政策会对企业的经营和发展产生直接的影响,给予企业税费政策优惠可以促进企业发展壮大,这主要是因为企业在发展过程中,在自身资金的筹集和使用中会存在这样或者那样的问题,对于企业来说,足够而稳定的资金来源是非常重要的,也是其发展的关键因素之一。同时,给予企业税费政策优惠也可以帮助企业增强抵御风险的能力。企业尤其是中小微企业在发展过程中往往会遇到各种经营风险和外部风险,而由于自身发展的程度较低,抵御风险的能力相对较弱。尤其是面对金融危机这种大规模危机的时候,部分中小微企业往往无能为力。

《意见》鼓励校企合作、产教融合并给予相关企业税费政策优惠,这对企业推进校企合作、深化产教融合而言无疑注入了强心剂,政策支持、企业负担减轻、校企合作等等均可以在很大程度上解决企业的资金问题、经营问题、人才培养问题和品牌发展问题。因而,企业积极深入开展校企合作,既是认真落实《意见》内容的重要体现,也是促进自身发展的重要举措。企业没有理由不进一步加强校企合作和产教融合。

《意见》同时也对如何激励企业积极推进校企合作提供了政策性支持，即"金融＋财政＋土地＋信用"组合式激励。具体表现为四个方面：金融方面可以适当增加贷款额度，财政方面可以适当给予企业资金补助，在土地等办厂空间上也可以给予适当的支持。例如，《济南市职业学校校企合作促进办法》规定："鼓励盘活利用存量建设用地支持职业学校校企合作，并根据校企合作规划确定的年度建设任务，在土地利用供应计划中给予优先支持。"同时可以适当提升校企合作型企业的信用额度，并对企业的信用值提供一定的倾斜性的支持力度，帮助企业在行业积攒更多的信用，形成更好的口碑效应。可以说，《意见》较为充分地考虑并较全面地对企业推进校企合作、深化产教融合给予了支持和激励。

（二）将校企合作成效作为校企运行评价重要内容

《意见》明确指出："工业和信息化部门要把企业参与校企合作的情况，作为各类示范企业评选的重要参考。教育、人力资源社会保障部门要把校企合作成效作为评价职业学校办学质量的重要内容。"校企合作是高等职业教育改革的深水区，也是提高高等职业院校办学能力、学生实践动手能力的有效途径，需进行持续不断的探索。提升高职教育的内涵建设，推行校企合作是关键。当前，国内很多高职院校都在探索校企合作的途径和方法，对于校企合作的研究工作也主要集中在校企合作的实现途径上。校企合作工作的绩效如何、怎样进行评价，目前的研究还比较少。《意见》针对当前的形势，主要从两点对健全校企合作评价体系进行了指导：一方面是从"量"而言，相关部门要把企业参与校企合作的情况，作为各类示范企业评选的重要参考。也就是说，判断企业在校企合作方面做了哪些工作首先就要从表面去研究、去评价，看看企业是否参与了校企合作的过程，并且参与了几次，参与的形式是怎样的，参与的内容都有哪些方面。这些都是从形式上而言，企业在校企合作方面做了哪些"量"上的努力。另一方面是从"质"而言,判断任何工作不能仅仅考虑量,更要保质,只有保质,才能保值。相关部门要把校企合作成效作为评价职业学校办学质量的重要内容。也就是说,对于高等职业院校而言,校企合作取得真正的实效尤为重要,只有在投入的基础上有较为丰厚的产出,取得很高的效益,对高等职业院校而言才是具有较高性价比的。而校企合作取得扎扎实实的效益,也是高等职业院校办学能力、学生实践动手能力不断提升的重要表现。

需要注意,《意见》指出"企业参与校企合作的情况,作为各类示范企业评选的重要参考"和"校企合作成效作为评价职业学校办学质量的重要内容",并非单纯地将校企合作的"量"作为评判企业的标准,也非单纯地将校企合作的"质"作为评判学校办学质量的标准,校企合作的"量"和"质"都是企业和高等职业院校开展校企合作的重要评判标准。因而,要不断推动企业和高等职业院校开展校企合作,并在校企合作的"量"和"质"上下功夫,要健全企业参与制度。同时,也要改革高等职业院校现有人才培养模式,将校企合作办学融入整体的办学模式中,并将校企合作的"量"和"质"作为评价职业学校自身办学质量的重要内容。

(三)国有资产监管和金融机构支持校企合作

部分省市日前已经出台了相关的文件,就"国有资产监管和金融机构支持校企合作"等方面做了规定。

山东省教育厅等多部门联合印发的《山东省职业学校校企合作促进办法》规定:"建立教育、发展改革、工业和信息化、财政、人力资源社会、自然资源、城乡规划、农业农村、国有资产管理、金融、税务等有关部门参与的工作协调机制,研究解决职业教育校企合作中的重大问题。""鼓励金融机构依法依规审慎授信管理,为校企合作提供相关信贷和融资支持。积极支持符合条件的企业在资本市场进行股权融资、债券融资,加大实习实训基地等校企合作项目投资。"《济南市职业学校校企合作促进办法》则规定:"鼓励金融机构依法依规授信管理,为校企合作提供相关信贷和融资支持。积极支持符合条件的企业在资本市场进行股权融资、债券融资,加大实习实训基地等校企合作项目投资。"《江苏省职业教育校企合作促进条例》则规定:"由教育、人力资源社会保障、发展改革、工业和信息化、财政、农业农村、国有资产监督管理、税务等有关行政部门和工会、行业组织任成员,研究和协调解决职业教育校企合作工作中的重大问题。"

可以看出,部分省市已就"国有资产监管和金融机构支持校企合作"做了规定,但同时也要加强监管,避免校企合作变味,有关部门应当按照各自职责依法依规对校企合作资金管理和使用情况进行监督。为此,高等职业院校、企业违反规定,骗取、套取政府校企合作奖励、补助或者财政、金融、税收、用地等优惠的,有关主管部门应当责令限期退还,并依法依规追究单位和其主要负责人及相关人员的责任;构成犯罪的,依法追究刑事责任。相关信息纳入公共信用信息、企业信用信息公示系统,记入相关单位和个人的信用档案。

(四)探索并完善学校实习生工伤参保机制

《意见》明确指出:"积极探索职业学校实习生参加工伤保险办法。加快发展职业学校学生实习实训责任保险和人身意外伤害保险,鼓励保险公司对现代学徒制、企业新型学徒制保险专门确定费率。"完善学校实习生工伤参保机制,对于提升高等职业院校学生参加校外实习的积极性而言具有积极作用,同时也有助于保护学生在校外实习过程中的合法权益。

目前,浙江、江苏、广东等省已将实习学生纳入工伤保险参保范围。江苏省在全国范围内率先通过立法深化职业教育办学体制和育人机制改革,明确学校和企业的权利义务,统筹兼顾相关主体诉求和利益,保障职业学校与企业深度合作,着力提升校企合作质量和水平。

(五)加大收入分配政策和绩效对校企合作的支持

《意见》明确指出:"职业学校通过校企合作、技术服务、社会培训、自办企业等所得收入,可按一定比例作为绩效工资来源。"校企合作离不开资金支持和机制激励,加大收入分配政策和绩效对校企合作的支持,可以让校企合作机制更加高效运转。为此,部分省市出台了相关的政策。《济南市职业学校校企合作促进办法》规定:"职业学校及教师、学生拥有知识产权的技术开发、产品设计等成果,可依法依规在企业作价入股;企业人员在校企合作中取得的教育教学成果,可视同相应的技术或科研成果,按规定予以奖励。职业学校和企业对合作开发的专利及产品,根据双方协议,享有使用、处置和收益管理的自主权。"

事实上,在校企合作体制机制建设方面,我国高等职业教育界都在积极进行探索,尤其是国家示范性高职院校,以"示范"建设为动力大胆改革,锐意创新,积累了不少成功的经验。但同时我们也看到,校企合作长效机制的建立还面临着诸多问题,如何进一步创新思路,探索实践,推动校企合作从宏观框架走向微观操作,从单一目标走向复合功能,从简单叠加走向综合互动,仍然是摆在众多高职院校面前的紧迫课题。为此还需要加强研究,在深入落实《意见》的基础上,积累经验,创新方式方法,切实提升校企合作成效。

参考文献

[1] 夏仕武.中国特色学徒制如何有效实施[N].中国教育报,2020-12-22(09).

[2] 包美霞.探索中国特色学徒制[N].光明日报,2020-12-04(02).

[3] 周建松.高品质幸福金院建设理论与实践[M].北京:中国人民大学出版

社,2014.

［4］周建松,盛健.高品质幸福金院实现机制研究［M］.杭州:浙江工商大学出版社,2015.

［5］俞启定.深化职业教育产教融合校企合作若干问题的思考［J］.高等职业教育探索,2022(1).

［6］刘玉萍.1＋X证书制度下校企合作动力创新及其优化策略［J］.职教论坛,2021(12).

［7］黄倩华,易丽.共生理论语境下现代产业学院协同共建:困境与出路［J］.高等职业教育探索,2022(1).

［8］王忠伟."双高"建设背景下产教命运共同体建设研究［J］.黄河水利职业技术学院学报,2022(1).

［9］王振平,陈嘉学.职教集团平台下高职院校校企双主体育人工作研究——以济南市现代物流集团为例［J］.济南职业学院学报,2021(6).

［10］曹叔亮.职教集团合作创新的利益共享与实现路径［J］.职教通讯,2021(12).

［11］张建平,孙立新.中国特色现代学徒制试点现状研判及推进路径［J］.职教论坛,2021(12).

深化教育教学改革

王玉龙

职业院校是培养高素质技术技能人才的主体,培养高质量人才需要高质量教学支撑,深化教育教学改革,持续提高教学质量才能保障人才培养质量。职业院校自觉地将习近平新时代中国特色社会主义思想融入人才培养各环节,将专业精神、职业精神和工匠精神融入教育教学全过程,强化课程思政,发挥课程在育人过程中的主导作用,注重引导学生严谨专注、敬业专业、精益求精和追求卓越的品质。职业院校深化产教融合、校企合作,注重课程内容与职业标准对接,发挥行业企业在人才培养方案制订中的重要作用,将职业技能等级标准等有关内容及要求有机融入专业,推进学历证书和职业技能等级证书所体现的学习成果的登记、储存、认定、积累和转化。注重理论教学与实践相统一,强化实践课程的地位和作用,注重学生实践能力的训练,通过积极推行认知实习、跟岗实习、顶岗实习等加强劳动教育,借助现代学徒制、产业学院、职业教育集团等载体提高学生岗位能力,凸显职业教育的类型特色。

一、强化双师型教师队伍建设

教师队伍是发展职业教育的第一资源,是支撑新时代国家职业教育改革的关键力量。落实立德树人根本任务,深化产教融合、校企合作,突出双师型教师个体成长和双师型教学团队建设相结合,着力提升教师思想政治素质和师德素养,提高教师教育教学能力,努力造就一支师德高尚、技艺精湛、专兼结合、充满活力的高素质双师型教师队伍,推动职业教育高质量发展。2019年8月,教育部等四部门印发的《深化新时代职业教育"双师型"教师队伍建设改革实施方案》指出,坚持以习近平新时代中国特色社会主义思想为指导,贯彻落实习近平总书记关于教育工作的重要论述,把教师队伍建设作为基础性工作来抓,支撑职业教育改革发展,落实立德树人根本任务,加强师德师风建设,突出双师型教师个体成长和双师型教学团队建设相结合,提高教师教育教学能力和专业实践能力,优化专兼职教师队伍结构,大力提升职业院校双师型教师队伍建设水平,为实现我国职业教育现代化、培养大批高素质技术技能人才提供有力的师资保障。

(一)加强师德师风建设

2020年12月,教育部等六部门印发的《关于加强新时代高校教师队伍建设改革的指导意见》指出,要全面加强党的领导,不断提升教师思想政治素质和师德素养。常态化推进师德培育涵养,将各类师德规范纳入新教师岗前培训和在职教师全员培训必修内容。创新师德教育方式,通过榜样引领、情景体验、实践教育、师生互动等形式,激发教师涵养师德的内生动力。强化高校教师"四史"教育,规范学时要求,在一定周期内做到全员全覆盖。建好师德基地,构建师德教育课程体系。加大教师表彰力度,健全教师荣誉制度,高校可举办教师入职、荣休仪式,设立以教书育人为导向的奖励,激励教师潜心育人。鼓励社会组织和个人出资奖励教师。2021年7月,教育部、财政部印发的《关于实施职业院校教师素质提高计划(2021—2025年)的通知》,强调要以习近平新时代中国特色社会主义思想特别是习近平总书记关于职业教育的重要指示批示铸魂育人。推进理想信念教育常态化,将思想政治和师德师风纳入教师培训必修内容。全面推进课程思政建设,切实增强教师课程思政意识和能力,使各类课程与思政课程同向同行,寓价值观引导于知识传授和能力培养之中。加强党史、新中国史、改革开放史、社会主义发展史教育,大力弘扬职业精神、工匠精神、劳模精神。

为推进不同类型学校的课程思政建设理论研究和教学实践,探索创新课程思政建设方法路径,构建全面覆盖、类型丰富、层次递进、相互支撑的课程思政体系,加快形成"校校有精品、门门有思政、课课有特色、人人重育人"的良好局面,教育部遴选了职业院校课程思政示范课程200门、课程思政教学名师和团队200个、课程思政教学研究示范中心11个。为落实教育部《高等学校课程思政建设指导纲要》等文件相关要求,发挥课程思政示范项目的示范引领作用,推广职业教育课程思政经验做法,教育部职业教育与成人教育司于2021年9月指导组织开展职业教育课程思政集体备课活动,覆盖全部19个专业大类,超过180万人次通过新华网"新华思政"、智慧职教等平台观看线上直播,课程思政集体备课活动,通过线上直播进行教学展示、经验交流、专家点评等形式,展示课程思政建设目标,深入挖掘思想政治教育资源,优化课程思政内容供给,探索创新课程思政建设模式和方法路径;通过线下交流研讨,结合具体课程,针对存在的问题,研讨课程思政建设的课程设计、教学方法、评价方式等内容,将课程思政建设推向深入。

(二)持续提升教师教学能力

制定双师型教师标准,完善教师招聘、专业技术职务评聘和绩效考核标准,对接新专业目录、新专业内涵,适应职业教育教学改革需求,特别是复合型技术技能人才培养培训模式改革需求,把职业标准、专业教学标准、职业技能等级证书标准、行业企业先进技术等纳入教师培训必修模块,提升教师落实育训并举的能力。推进教师的理念转变、知识更新、技能提升,提高教师参与研制专业人才培养方案的能力、组织参与结构化模块式教学的能力、运用现代教育理论和方法开展教育教学的能力。加强职业教育心理学、德育与班主任工作、现代教育技术等方面内容的培训。全面提升教师信息化教学能力、教材开发能力,促进信息技术与教育教学融合创新发展。

开展课程实施能力提升工作,面向职业院校专业骨干教师,采取集中研修、岗位辅导等形式,分阶段开展研修。研修内容主要包括职业教育国家教学标准体系、课程思政实施、人才培养方案和教案编写与实施、新型活页式与工作手册式教材编写与使用、模块化教学模式研究与实施、实训实习教学组织与实施、教学诊断与改进的实施、教学质量评价等。开展信息技术应用能力提升工作,面向职业院校骨干教师,采取集中研修、项目实操等形式,分阶段开展研修。研修内容主要包括职业教育信息化制度标准、数字化教学资源开发制作应用、在线教学组织实施和平台使用、混合式教学组织实施、VR(虚拟现实)、AR(增强现实)、MR(混合现实)、AI(人工智能)等新一代信息技术应用、教学管理信息化应用。

开展"1+X"证书制度种子教师培训,遴选"1+X"证书制度试点院校专业带头人、骨干教师,采取联合研发、合作培训、岗位实践等方式,分阶段开展研修。研修内容主要包括职业(专业)技能,职业技能等级标准、专业教学标准与人才培养方案改革,职业技能等级证书与专业课程融合,模块化教学方式方法,职业技能等级考核与培养课程考核评价等。开展公共基础课教学能力提升工作,面向职业院校公共基础课,特别是对中职学校思想政治、语文、历史专任教师和高职学校思想政治理论课专职教师,采取线上线下相结合的混合研修、专题研修和德育研学等形式,分阶段开展培训。内容主要包括中职思想政治、语文和历史三科统编教材编写思路、课程内容和教学方法;新时代思想政治理论课教学改革与质量评价;中职数学等7门公共基础课,高职英语、信息技术等公共基础课教学能力提升;教案、教学案例开发设计等。

(三)促进校企人员流动

支持高水平学校和大中型企业共建双师型教师培养培训基地,落实教师定期到企业实践的规定,支持企业技术骨干到学校从教,推进固定岗与流动岗相结合、校企互聘兼职的教师队伍建设改革。强化教师到行业企业深度实践,注重提升双师素养。推进专业课教师每年至少累计 1 个月以多种形式参与企业实践或实训基地实训。建立校企人员双向流动、相互兼职常态运行机制。完善政府、行业企业、学校、社会等多方参与的教师培养培训机制。探索跨区域联合组织实施培训,推动东西部结对帮扶、区域间资源共享、经验交流。支持高水平学校和大中型企业共建双师型教师培养培训基地、企业实践基地,充分发挥引领作用,辐射区域内学校和企业,提升校企合作育人水平。鼓励校企共建教师发展中心,在教师和员工培训、课程教材开发、实践教学、学术成果转化等方面开展深度合作。

在教师企业实践方面,选派职业院校青年教师到国家级教师企业实践基地开展产学研训一体化岗位实践,采用教师企业实践流动站顶岗、参与研发项目、兼职任职等方式,开展企业跟岗实践,可分阶段进行。内容主要包括了解企业的生产组织方式、工艺流程、产业发展趋势等基本情况,熟悉企业相关岗位职责、操作规范、技能要求、用人标准、管理制度、企业文化等,学习所教专业在生产实践中应用的新知识、新技术、新工艺、新材料、新设备、新标准等。在产业导师特聘方面,支持职业院校设立一批产业导师特聘岗,聘请企业工程技术人员、高技能人才、管理人员、能工巧匠等到学校工作。采取兼职任教、合作研究、参与项目等方式。工作内容主要包括承担教学工作,参与学校专业建设、课程建设,参与双师型名师工作室建设、校本研修、产学研合作研究等。

二、创新教学模式与方法

提高思想政治理论课质量和实效,推进习近平新时代中国特色社会主义思想进教材、进课堂、进头脑。举办职业学校思想政治教育课程教师教学能力比赛。2021年4月,《教育部关于学习宣传贯彻习近平总书记重要指示和全国职业教育大会精神的通知》强调,坚持德技并修、育训结合,把德育融入课堂教学、技能培养、实习实训等环节,促进思政课程与课程思政有机衔接,提高思想政治教育的实效性,培养学生的劳模精神、劳动精神、工匠精神,引导学生刻苦学习、精进技艺、全面发展。一体化设计职业教育培养体系,推动各层次职业教育专业设置、培养目标、课程体系、教学内容、考核方式等衔接贯通。探索"岗课赛证"相互融合,把住"1+X"证书制度质量关,引导职业学校充分利用行业龙头企业在专业人才培养和评价方面的成熟标准,结合自身实际,改造提升相应课程和专业。动态调整专业目录,通过差异化投入、政策项目引导等方式,鼓励学校开设更多紧缺的、含金量高的专业,帮助更多青年实现更高质量的就业。针对退役军人、下岗失业人员、农民工、高素质农民、在岗职工等不同生源分类施教、因材施教,满足不同学习需要。要建好国家"学分银行",推动各种学习成果之间的互认转换,为终身学习提供机会。

(一)推进教学方式方法改革

广泛开展项目教学、情境教学、模块化教学,推动现代信息技术与教育教学深度融合,提高课堂教学质量。以技术发展逻辑体系构建培养方案,探索任务式、项目式、探究式等培养模式改革,建立产教融合多方协同的育人机制,为提高产业竞争力和汇聚发展新动能提供人才支持和智力支撑。2019年6月,《教育部关于职业院校专业人才培养方案制订与实施工作的指导意见》指出,要建设符合项目式、模块化教学需要的教学创新团队,不断优化教师能力结构。健全教材选用制度,选用体现新技术、新工艺、新规范等的高质量教材,引入典型生产案例。总结推广现代学徒制试点经验,普及项目教学、案例教学、情境教学、模块化教学等教学方式,广泛运用启发式、探究式、讨论式、参与式等教学方法,推广翻转课堂、混合式教学、理实一体教学等新型教学模式,推动课堂教学革命。加强课堂教学管理,规范教学秩序,打造优质课堂。推进信息技术与教学有机融合,适应"互联网＋职业教育"新要求,全面提升教师信息技术应用能力,推动大数据、人工智能、虚拟现实等现代信息技术在教育教学中的广泛应用,积极推动教师角色的转变和教育理念、教学观念、教学内容、教学方法以及教学评价等方面的改革。加快建设智能化教学支持环境,建设能够满足多样化需求的课程资源,创新服务供给模式,服务学生终身学习。2021 年 12 月,教育部等八部门印发的《职业学校学生实习管理规定》指出,要深刻认识数字经济驱动下职业场景变化、岗位需求升级的新形势,会同有关部门进一步健全企事业单位接纳学生实习的激励机制,促进扩大和优化与专业对口的实习岗位供给。要主动适应前沿技术与实习深度融合新趋势,将实习纳入教育信息化建设覆盖范围,统筹建好、用好校内外实践教学资源。

(二)实施弹性学习和学分制管理

全面实施弹性学习和学分制管理,支持学生积极参加社会实践、创新创业、竞赛活动。职业院校修订学校全日制学生学分制管理办法及学籍管理办法,深化教育教学改革;制定学校职业技能等级证书学分认定转换办法,发挥职业技能等级证书的评价功能;完善学生创新创业实践学分认定与替代管理办法,鼓励学生创新创业实践;引导学生参加第二、第三课堂,将学科(技能)竞赛、职业资格证书、课题研究、专利研发、企业兼职等成果进行学分认定和转换,建立学生动态学籍管理制度,满足学生个性化发展要求,促进人人成才、人人出彩。2020年 3 月,教育部职业教育与成人教育司印发的《关于做好职业教育国家学分银行建设相关工作的通知》指出,要结合"学历证书＋若干职业技能等级证书"制度试点工作,推进职业教育国家学分银行建设。坚持以学习者为中心,建立符合中国国情的职业教育国家学分银行,结合 1＋

X证书制度试点工作,有序开展学历证书和职业技能等级证书所体现的学习成果的认定、积累和转换,形成一批学分银行应用模式和典型案例,拓宽技术技能人才持续成长通道,逐步探索各类学习成果的认定、积累和转换工作,服务全民终身学习。学分银行组织研究确定不同课程类型、不同学时与学分的对应关系,形成学时学分记录规则。职业教育培训评价组织依据该规则,结合有关专业教学标准等对X证书体现的学习成果提出建议学分。学分银行组织核定后,认定该学习成果对应的学分银行学分值。有关院校和培训评价组织根据X证书及其职业技能等级标准、相关专业教学标准、学校相关专业人才培养方案、课程标准等,按照有关规则研制具体的学习成果转换办法,并在学分银行备案发布。

(三)办好职业院校技能大赛

职业院校技能大赛是提升技术技能人才培养质量、检验教学成果、引领教育教学改革的重要抓手,是职业院校教育教学活动的一种重要形式和有效延伸。大赛以提升职业院校学生技能水平、培育工匠精神为宗旨,以促进职业教育专业建设和教学改革、提高教育教学质量为导向,面向全国职业院校在校师生,基本覆盖职业院校主要专业群,是对接产业需求、反映国家职业教育教学水平的师生技能赛事。2021年9月,教育部等三十五部门印发的《全国职业院校技能大赛章程》指出,全国职业院校技能大赛坚持德技并修、工学结合,深化产教融合、校企合作,弘扬劳动光荣、技能宝贵、创造伟大的时代风尚,推动人人皆可成才、人人尽展其才的局面形成,引导全社会了解、支持和参与职业教育。坚持以赛促教、以赛促学、以赛促改,赛课融通、赛训结合;合理借鉴世界技能大赛的理念和标准,对标世界先进水平,培养高素质技能人才,促进技能型社会建设;坚持政府主导、学校主体、行业指导、企业支持、社会参与,推动合作办赛、开放办赛,打造富有创意、影响深远的技能大赛。大赛着重考核选手的综合素质和手脑并用能力,内容设计围绕职业教育国家教学标准和真实工作的过程、任务与要求,重点考查选手的职业素养、实践动手能力、规范操作程度、精细工作质量、创新创意水平、应变能力、工作组织能力和团队合作精神。建立学校、省级、国家三级竞赛体系,国赛选手须来自省赛,形成"校有比赛,省有竞赛,国有大赛"的职业院校技能竞赛体系。同时,《全国职业院校技能大赛章程》明确组织机构、赛项设置、参赛规则与奖项设置、宣传与资源转化、规范廉洁办赛等内容,规范全国职业院校技能大赛。

三、改进教学内容与教材

新一轮科技革命和产业变革对现有的产业形态和工作岗位正产生着深刻影响,按照专业设置与产业需求对接、课程内容与职业标准对接、教学过程与生产过程对接的要求,学校联合行业头部企业共同编写教材,及时将新技术、新工艺、新规范纳入教学标准和教学内容,适应项目学习、案例学习、模块化学习等不同学习方式要求,注重以真实生产项目、典型工作任务、案例等为载体组织教学单元,确保专业教材随信息技术发展和产业升级情况及时动态更新。

(一)完善"岗课赛证"综合育人机制

2021年4月,孙春兰副总理在全国职业教育大会上讲话指出:"坚持立德树人,优化类型定位,加快构建现代职业教育体系,'岗课赛证'综合育人,提升教育质量,畅通职业发展通道,增强职业教育认可度和吸引力。"完善"岗课赛证"综合育人机制,按照生产实际和岗位需求设计开发课程,开发模块化、系统化的实训课程体系,提升学生实践能力。引导职业院校对接需求,调整专业设置,淘汰不符合产业发展需要、重复率较高、培养质量不高的专业,形成有衔接、有层次的职业教育专业体系。培养行业企业需要的高素质技术技能人才是职业院校的出发点和落脚点,在"岗课赛证"综合育人过程中,岗位是"岗课赛证"综合育人的逻辑起点,贯穿整个逻辑主线,课程是推进"岗课赛证"综合育人的核心工作、基本抓手,职业技能竞赛是对高素质技术技能人才培养的试金石,是"岗课赛证"综合育人的重要评价环节,职业技能等级证书和职业资格证书是"岗课赛证"综合育人对接行业企业的职业技能标准检验环节。"岗课赛证"综合育人机制作为深化教育供给侧结构性改革的举措,是一项推进职业教育体制和治理能力现代化的创新工程,它研究岗、课、赛、证的内涵逻辑与融合关系,为职业院校开展"岗课赛证"综合育人提供理论指导和支持。

(二)融入行业企业成熟技术规范

开展"1+X"证书制度试点,建设"教学工厂",将"教学研创"融于一体,完善学校和行业深度融合、校企联合培养、双主体育人的人才培养模式,探索共建产教融合应用型课程机制,促进学生在做中学、学中做,拓展校企合作育人的广度和深度,建立科学的运行保障体系,完善目标责任制考核,实现多方共建共享的运行机制,形成校企协同育人的格局。及时更新教学标准,将新技术、新工艺、新规范、典型生产案例及时纳入教学内容。把职业技能等级证书所体现的先进标准融入人才培养方案。2017年12月,《国务院办公厅关于深化产教融合的若干意见》指出,要深化"引企入教"改革。支持引导企业深度参与职业学校、高等学校教育教学改革,多种方式参与学校专业规划、教材开发、教学设计、课程设置、实习实训,促进企业需求融入人才培养环节。《国家职业教育改革实施方案》指出,校企共同研究制定人才培养方案,及时将新技术、新工艺、新规范纳入教学标准和教学内容,强化学生实习实训。2019年5月,《教育部 财政部关于实施中国特色高水平高职学校和专业建设计划的意见》指出,校企共同研制科学规范、国际可借鉴的人才培养方案和课程标准,将新技术、新工艺、新规范等产业先进元素纳入教学标准和教学内容,建设开放共享的专业群课程教学资源和实践教学基地。

借鉴"双元制"等模式,总结现代学徒制和企业新型学徒制试点经验,校企共同研究制定人才培养方案,及时将新技术、新工艺、新规范纳入教学标准和教学内容,强化学生实习实训。深入调研分析有关职业或技术领域的新需求,梳理出典型工作任务,分析素质、知识、能力构成,科学合理确定各层次技术技能人才培养目标与规格,遵循职业教育规律和学生身心发展规律,合理安排教学内容和课程体系。加强教学改革与产业转型升级衔接配套,将产教融合贯穿教育教学全过程,形成以学生为中心,符合技术技能人才特点的教学新模式。其中,2020年11月,浙江省人民政府印发的《浙江省深化产教融合推进职业教育高质量发展实施方案》指出,"对接国家职业标准,研究制定职业能力标准,形成具有浙江特色的职业教育标准体系。聚焦省重点产业发展态势,组织开发一批与职业能力标准相对接、与国际先进标准接轨的专业教学标准和课程标准,支持地方标准上升为国家标准。职业院校全面落实国家和省专业教学标准,科学制定实施人才培养方案。完善教材编写、审核、选用、更新和管理机制,推动学校与行业企业合作开发教材,确保教材随产业发展及时动态更新。"

(三)加强职业院校教材建设与管理

强化教材建设国家事权,分层规划,完善职业教育教材的编写、审核、选用、使用、更新、评价监管机制。加强党对教材建设的全面领导,把党的全面领导落实到教材建设各个环节,把好为党育人、为国育才的重要关口,使规划教材领域成为坚持党的领导的坚强阵地。2021年7月,国家教材委员会印发的《习近平新时代中国特色社会主义思想进课程教材指南》指出,习近平新时代中国特色社会主义思想进课程教材的整体布局与分科安排科学有序,学科学段环节全面覆盖,思想内涵充分阐释,学习要求循序渐进、螺旋上升,全面提升课程教材铸魂育人功能,教育引导学生树立共产主义远大理想和中国特色社会主义共同理想,坚定"四个自信",厚植爱国主义情怀,把爱国情、强国志、报国行自觉融入建设社会主义现代化强国、实现中华民族伟大复兴的奋斗之中。2021 年 9 月,国家教材委员会印发《"党的领导"相关内容进大中小学课程教材指南》,要求将"党的领导"相关内容全面融入大中小学课程教材,对"党的领导"教育教学基本原则、总体目标、主题内容、载体形式、学段要求、课程教材安排等进行顶层设计。这是培养学生对坚持和加强党的全面领导的政治认同、思想认同、情感认同,强化使命担当的重要举措。

2021 年 12 月,教育部办公厅印发《"十四五"职业教育规划教材建设实施方案》,文件指出"十四五"职业教育规划教材建设要深入贯彻落实习近平总书记关于职业教育工作和教材工作的重要指示批示精神,全面贯彻党的教育方针,落实立德树人根本任务,强化教材建设国家事权,突显职业教育类型特色,坚持"统分结合、质量为先、分级规划、动态更新"原则,完善国家和省级职业教育教材规划建设机制。"十四五"期间,分批建设 1 万种左右职业教育国家规划教材,指导建设一大批省级规划教材,加大对基础、核心课程教材的统筹力度,突出权威性、前沿性、原创性教材建设,打造培根铸魂、启智增慧,适应时代要求的精品教材,以规划教材为引领,高起点、高标准建设中国特色高质量职业教育教材体系。引导地方、行业和学校按规定建设地方特色教材、行业适用教材、校本专业教材。省级教育行政部门围绕本区域经济社会发展对技术技能人才的需求,结合区域职业教育特色,组织省级规划教材建设并发布省级规划教材目录。各地要充分论证、科学规划、严格把关,避免低水平重复建设,健全职业教育省级规划教材目录制度,做好省级规划教材与国家规划教材的衔接工作。

重点建设领域方面,规划教材建设要突出重点,加强公共基础课程和重点专业领域教材建设,补足紧缺领域教材,增强教材适用性、科学性、先进性,统筹建设意识形态属性强的课程教材,规范建设公共基础课程教材,开发服务国家战略和民生需求紧缺领域专业教材,支持建设新兴专业和薄弱专业教材,加快建设新形态教材。规划教材编写要求方面,应遵循教材建设规律和职业教育教学规律、技术技能人才成长规律,紧扣产业升级和数字化改造,紧随技术技能人才需求变化,依据职业教育国家教学标准体系,对接职业标准和岗位(群)能力要求。要求坚持正确的政治方向和价值导向,遵循职业教育教学规律和人才成长规律,配强编写人员队伍,科学合理编排教材内容。编写选用和退出机制方面,规范资质管理,坚持"凡编必审",严格试教试用制度,严格教材选用管理,健全教材更新和调整机制,健全教材评价督查机制。

四、完善质量保证体系

2020 年 10 月,中共中央、国务院印发的《深化新时代教育评价改革总体方案》针对职业学校评价指出,重点评价职业学校(含技工院校,下同)德技并修、产教融合、校企合作、育训结合、学生获取职业资格或职业技能等级证书、毕业生就业质量、双师型教师队伍建设等情况,扩大行业企业参与评价,引导培养高素质劳动者和技术技能人才。深化职普融通,探索具有中国特色的高层次学徒制,完善与职业教育发展相适应的学位授予标准和评价机制。加大职业培训、服务区域和行业的评价权重,将承担职业培训情况作为核定职业学校教师绩效工资总量的重要依据,推动健全终身职业技能培训制度。2021 年 4 月,孙春兰副总理在安徽调研时指出,"优化职业教育类型定位,把握教育质量生命线",强调质量对职业教育的重要性。

（一）发挥标准的基础作用

专业教学标准是学校从事专业建设的基本规范,是教育与产业深度融合的生动体现,是评价技术技能人才培养质量的重要依据,是职业教育内涵发展的根本保障,承载着在教育教学领域贯彻落实好培养什么人、如何培养人、为谁培养人的历史使命。建立健全教师、课程、教材、教学、实习实训、信息化、安全等国家职业教育标准,鼓励地方结合实际出台更高要求的地方标准,支持行业组织、龙头企业参与制定标准。2019 年,《国家职业教育改革实施方案》指出,发挥标准在职业教育质量提升中的基础性作用。按照专业设置与产业需求对接、课程内容与职业标准对接、教学过程与生产过程对接的要求,完善中等、高等职业学校设置标准,规范职业院校设置;实施教师和校长专业标准,提升职业院校教学管理和教学实践能力。持续更新并推进专业目录、专业教学标准、课程标准、顶岗实习标准、实训条件建设标准(仪器设备配备规范)建设和在职业院校落地实施。2021 年 7 月,教育部职业教育与成人教育司启动《职业教育专业简介》和《职业教育专业教学标准》修(制)订工作,"强调厘清中职、高职专科、高职本科不同层次的职业面向,对接职业人才标准,从需求中来,到应用中去,突出先进性,体现引领性,创建职业教育特色鲜明的人才培养标准规范""发挥行业职业教育教学指导委员会、职业院校专业类教学指导委员会作用和目录修订研制组专家力量,充分用好目录修订工作成果,吸纳转化最新教改成果"。

（二）推进教学工作诊断与改进

教学工作诊断与改进制度对于深化国家"放管服"改革、促进教育"管办评"分离具有重要意义。职业院校实施教学工作诊断与改进制度是"管办评"分离的必然选择、学校履行主体责任的重要内容以及持续提升培养质量的重要抓手。教育事业的发展需要相应的法规制度提供支撑,教育行政部门颁布的政策文件为教育事业的改革与发展提供了有力保障,促进院校相关工作的持续展开。为推进职业院校的诊改工作,教育部和全国诊改专委会先后颁布了多份政策文件。2015 年,《教育部办公厅关于建立职业院校教学工作诊断与改进制度的通知》提出了建立职业院校教学工作诊断与改进制度的目的意义、内涵任务以及实施工作要求;2016 年,教育部又先后发布了《关于成立全国职业院校教学工作诊断与改进专家委员会的通知》《关于确定职业院校教学诊断与改进工作试点省份及试点院校的通知》两个文件;2017 年,教育部颁布专门推进文件《关于全面推进职业院校教学工作诊断与改进制度建设的通知》,要求全国职业院校全面推进教学工作诊断与改进制度;2018 年,全国诊改专委会发布《关于印发〈高等职业院校内部质量保证体系诊断与改进复核工作指引(试行)〉的通知》,对高等职业院校内部质量保证体系诊断与改进复核工作的开展进行具体指导;2020 年,教育部等九部门印发的《职业教育提质培优行动计划(2020—2023 年)》强调健全职业学校内部治理结构,深入推进教学工作诊断与改进制度建设,切实发挥学校质量保证主体作用。

职业院校教学工作诊断与改进是学校根据自身办学理念、办学定位、人才培养目标,聚焦专业设置与条件、教师队伍与建设、课程体系与改革、课堂教学与实践、学校管理与制度、校企合作与创新、质量监控与成效等人才培养工作要素,查找不足与完善提高的工作过程。

坚持"需求导向、自我保证,多元诊断、重在改进"的工作方针,形成基于职业院校人才培养工作状态数据、学校自主诊断与改进、教育行政部门根据需要抽样复核的工作机制,保证职业院校人才培养质量持续提高。各职业院校要切实履行人才培养工作质量保证主体的责任,建立常态化、周期性的教学工作诊断与改进制度,开展多层面、多维度的诊断与改进工作,构建校内全员、全过程、全方位的质量保证制度体系,并将自我诊断与改进工作情况纳入年度质量报告。各地须根据职业院校不同发展阶段的特点和需要,推动学校分别开展以"保证学校的基本办学方向、基本办学条件、基本管理规范""保证院校履行办学主体责任,建立和完善学校内部质量保证制度体系""集聚优势、凝练方向,提高发展能力"等为重点的诊断与改进工作,切实提高工作的针对性,以取得很好的实施效果。职业院校要充分利用信息技术,建立校本人才培养工作状态数据管理系统,及时掌握和分析人才培养工作状况,依法依规发布社会关注的人才培养核心数据。加快推进相关信息化建设项目,为公共信息服务、培养工作动态分析、教育行政决策和社会舆论监督提供支撑。支持对企业有较大影响力的部分行业牵头,以行业企业用人标准为依据,设计诊断项目,以院校自愿为原则,通过反馈诊断报告和改进建议等方式,反映专业机构和社会组织对职业院校专业教学质量的认可程度,倒逼专业改革与建设。

(三)完善职业教育督导评估办法

完善职业教育督导评估办法,加强对地方政府履行职业教育职责的督导,做好中等职业学校办学能力评估和高等职业学校适应社会需求能力评估工作。健全国家、省、学校质量年报制度,定期组织质量年报的审查抽查,提高编制水平,加大公开力度。强化评价结果运用,将其作为批复学校设置、核定招生计划、安排重大项目的重要参考。2020年2月,中共中央办公厅、国务院办公厅印发的《关于深化新时代教育督导体制机制改革的意见》指出,到2022年,基本建成全面覆盖、运转高效、结果权威、问责有力的中国特色社会主义教育督导体制机制。在督政方面,构建针对地方各级政府的分级教育督导机制,督促省、市、县三级政府履行教育职责。在督学方面,建立国家统筹制定标准、地方为主组织实施,对学校进行督导的工作机制,指导学校不断提高教育质量。在评估监测方面,建立教育督导部门统一归口管理、多方参与的教育评估监测机制,为改善教育管理、优化教育决策、指导教育工作提供科学依据。以优化管理体制、完善运行机制、强化结果运用为突破口，不断提高教育督导质量和水平，推动有关部门、地方各级政府、各级各类学校和其他教育机构（以下统称学校）切实履行教育职责。

2021年6月，《教育部办公厅等六部门关于做好2021年高职扩招专项工作的通知》指出，要抓好教学质量，各地要严格落实《教育部办公厅关于做好扩招后高职教育教学管理工作的指导意见》（教职成厅函〔2019〕20号）。严格执行"标准不降、模式多元、学制灵活"原则，修订完善专业人才培养方案，深化校企"双元"育人制度，推进现代学徒制培养、订单培养、定向培养等人才培养模式创新，实施多元评价，严把教学质量关。各地要指导学校做好思想政治教育和价值引领工作，规范公共基础课程设置，开齐开足思想政治理论课。深化教师、教材、教法改革，推进"课堂革命"。加强对退役军人、下岗失业人员、农民工、高素质农民等群体的日常管理，规范学生顶岗实习的组织管理，做到合理编班、科学管理，确保学有所获、学有所成。2021年7月，国务院教育督导委员会印发了《教育督导问责办法》。《教育督导问责办法》分总则、问责情形、问责方式、问责程序、组织实施、附则等6个部分，共计29条内容。强调教育督导问责以习近平新时代中国特色社会主义思想为指导，全面贯彻党的十九大和十九届二中、三中、四中、五中全会精神，深入贯彻落实习近平总书记关于教育的重要论述和全国教育大会精神，全面贯彻落实党的教育方针，弘扬社会主义核心价值观，推动提高教育治理能力，督促各地各校全面加强党的领导，坚持社会主义办学方向，切实履行立德树人职责，办好人民满意的教育。

（四）做好质量年报工作

健全国家、省、学校质量年报制度，定期组织质量年报的审查抽查，提高编制水平，加大公开力度。2010年《国家中长期教育改革和发展规划纲要（2010—2020年）》明确提出要"建立高等学校质量年度报告发布制度"。2015 年,教育部《职业院校管理水平提升行动计划(2015—2018 年)》明确要"进一步完善职业教育质量年度报告制度,逐步提高年度报告质量和水平"。2019 年 1 月,国务院印发的《国家职业教育改革实施方案》明确指出要"实施职业教育质量年度报告制度,报告向社会公开"。我国高等职业教育质量年度报告制度,在内容上强调由学生成长成才、学校办学实力、发展环境、国际影响力和服务贡献力构成的"五维质量观",面向社会公开发布。质量年度报告制度为建立教育管办评分离制度奠定了基础,为政府管理教育、学校自主办学、社会评价监督提供了基础,对"依法办学、自主管理、民主监督、社会参与"的现代学校制度的建立具有重要意义。质量年度报告制度是强化学校落实办学主体责任的重要推手。《教育部关于推进高等职业教育改革创新引领职业教育科学发展的若干意见》将质量年度报告制度作为"不断完善人才培养质量监测体系",促进高等职业学校改革人才培养模式的重要制度;《国家职业教育改革实施方案》把其作为提升高职教育办学质量的重要保障措施。质量年度报告制度是改革人才培养模式、提升人才培养质量、推升办学质量的重要抓手。学校是办学的主体,是办学质量的第一责任人,质量年度报告制度的建立有助于学校依法自主办学,有助于学校主体地位的确立,促进学校落实主体责任,也反映了学校的社会责任感。

参考文献

[1] 周建松,陈正江.高职院校"三教"改革:背景、内涵与路径[J].中国大学教学,2019(09):86-91.

[2] 王成荣,龙洋.深化"三教"改革 提高职业院校人才培养质量[J].中国职业技术教育,2019(17):26-29.

[3] 郭福春,王玉龙.以规范的课程设置推进职业院校教学改革[J].中国职业

技术教育,2019(23):20-23.

[4] 梁克东,王亚南.基于"三教改革"的职业教育人才培养与评价改革创新路径[J].中国职业技术教育,2019(28):28-34,41.

[5] 邵坚钢,周思勇.院校治理视角下的高职教育质量年度报告制度:成就、问题与优化策略[J].中国高教研究,2019(8):82-86.

[6] 王云凤."三教"改革背景下职业院校教材建设的实践探索与策略[J].中国职业技术教育,2020(35):93-96.

[7] 丁才成.深化"三教"改革 赋能百万扩招的思考与实践[J].中国职业技术教育,2020(2):10-14.

[8] 郑永进,黄海燕.高职院校"三教"改革何以可能——基于新制度主义理论的视角[J].中国高教研究,2020(10):102-108.

[9] 谢峰.教与学的辩证统一:高职院校"三教"改革路径研究[J].中国职业技术教育,2021(8):32-36.

[10] 吴秀杰,张蕴启."双高计划"背景下高职"三教"改革的价值、问题与路径[J].教育与职业,2021(9):11-18.

[11] 罗尧成,彭若薇.高职院校教学诊断与改进工作实施现状与改革路向——对全国27所诊改试点院校官网报道的分析[J].职业技术教育,2021,42(27):39-44.

打造中国特色职业教育品牌

梁　帅

2021 年 10 月 12 日,中共中央办公厅、国务院办公厅印发了《关于推动现代职业教育高质量发展的意见》(以下简称《意见》)。作为贯彻落实全国职业教育大会精神的配套文件,《意见》牢牢把握职业教育与普通教育"不同类型、同等重要"的特征,在研究教育规律、产业规律和技术技能人才成长规律基础上,着力使职业教育真正成为一种需求广泛、功能特定的教育类型。《意见》通过系统总结《国家职业教育改革实施方案》出台以来的改革经验,分析应该坚持和巩固什么,探究应该完善和发展什么,既坚持过去行之有效的政策举措,又向改革创新要动力,使中国特色现代职业教育体系充分展示出强大的自我完善能力和更加旺盛的生机活力。同时,对接教育强国建设和《中国教育现代化2035》对职业教育发展的目标要求,聚焦产教关系、校企关系、师生关系、中外关系,切实增强政策举措的针对性、可行性和有效性,通过统筹顶层设计和分层对接、统筹制度改革和制度运行,着力固根基,补短板,提质量,大幅提升职业教育现代化水平和服务能力。

教育部有关负责人在《关于推动现代职业教育高质量发展的意见》答记者问时指出:"打造中国特色职业教育品牌要坚持扎根中国、融通中外,通过提升中外合作办学水平、拓展中外合作交流平台、推动职业教育走出去,增强国际话语权,讲好中国故事、贡献中国智慧"。[1]笔者用分点的形式,全面解读《意见》中关于"打造中国特色职业教育品牌"的要旨。

一、提升中外合作办学水平

(一)办好一批示范性中外合作办学机构和项目

2020年9月,《职业教育提质培优行动计划(2020—2023年)》(以下简称《行动计划》)提出:"鼓励引进国(境)外优质职业教育机构来华合作办学,促进国际经验的本土化、再创新。"作为职业教育引进来的重要手段,中外合作办学的最终目的是在学习借鉴国际职教发达国家经验的基础上,融合提炼、自成一家,为世界职业教育发展提供中国方案、展示中国模式、形成中国道路,充分体现中国特色高等职业教育的无限魅力和生机活力,让中国职业教育走向世界,成为世界职业教育高质量发展的样板和龙头。教育部中外合作办学监管工作信息平台最新的权威数据显示,目前,全国由地方审批报教育部备案的职业教育中外合作办学机构与项目数共计942个,其中,合作办学机构40家,合作办学项目902个。"十四五"期间,中外合作办学仍然是职业教育国际化的主渠道,如何在未来打造一批中国特色、世界水平的示范性中外合作办学机构和项目任重道远。

(二)加强与国际高水平职业教育机构和组织合作,开展学术研究、标准研制、人员交流

"联合开展学术研究"这一提法于《行动计划》中首次出现,《意见》又一次旗帜鲜明地将它提出来,具有重要意义,这表明与国际学界开展学术研究已不再是普通本科院校的专利,职业教育作为一种类型教育,不仅要下接地气,还需要上接天线。对职业教育这一独具特色的教育类型开展元研究,进行元反思,是世界各国职业教育共同体的应有担当。其最终目的是促进国内职业教育的优秀成果向海外推介,因此,

政府部门在起步阶段需做好引导工作,进而使职业学校有组织、有计划地联合国(境)外高水平职业教育机构和组织开展学术研究、标准研制以及人员交流等合作项目。

(三)在"留学中国"项目、中国政府奖学金项目中设置职业教育类别

"留学中国"项目启动于2010年9月,在来华留学发展思路、目标措施和保障机制等方面提出了一系列要求,主要涵盖二十项内容:发展目标、主要任务、指导思想、工作方针、发展思路、政策保障、管理体制、工作机制、宣传推介、招生录取、培养模式、专业课程、师资建设、质量保障、教育管理、管理队伍、生活服务、社会实践、奖学金体系建设、毕业生联系工作。

为增进中国人民与世界各国人民的相互了解和友谊,发展中国与世界各国在各领域的交流与合作,中国政府设立奖学金,资助世界各国优秀学生、教师、学者到中国的大学学习或开展研究。中国教育部委托国家留学基金管理委员会(China Scholarship Council,CSC)负责中国政府奖学金生的招生录取和管理等工作。目前有289所中国大学承担中国政府奖学金生的培养任务。学科门类覆盖理学、工学、农学、医学、经济学、法学、管理学、教育学、历史学、文学、哲学、艺术学等。中国政府奖学金项目包括国别双边项目、中国高校自主招生项目、长城奖学金项目、中国—欧盟学生交流项目、中国—AUN奖学金项目、太平洋岛国论坛项目、世界气象组织项目等。从资助内容和标准看,中国政府奖学金免学费,免费住宿或发放住宿补贴,生活费标准为本科生2500元/月、硕士研究生和普通进修生3000元/月、博士研究生和高级进修生3500元/月,综合医疗保险费为800元/人·年或400元/人(学习期限少于6个月的)。直到目前,无论是"留学中国"项目,还是中国政府奖学金项目,其面向的申请类别均限于本科生、硕士研究生和博士研究生,但可以预见,作为一种具有鲜明特色的教育类型,职业教育将会借助《意见》的政策红利进入广大来华留学生的视野,成为世界各国了解中国职业教育的一个重要窗口。

二、拓展中外合作交流平台

(一)全方位践行世界技能组织 2025 战略,加强与联合国教科文组织等国际和地区组织的合作

在上海获得 2021 年第 46 届世界技能大赛举办权之际,习近平总书记指出:"世界技能大赛在中国举办,将有利于推动中国同各国在技能领域的交流互鉴,带动中国全国民众尤其是近 2 亿青少年关注、热爱、投身技能活动,让中国人民有机会为世界技能运动发展做出贡献。中国政府高度赞赏世界技能组织的发展宗旨,愿意积极参与各项活动,继续为全球减贫和可持续发展做出更大贡献。中国政府将全面兑现每一项承诺,全方位践行世界技能组织 2025 战略。"世界技能组织 2025 战略的三大目标是:通过职业教育与培训提供青年人、企业雇主和社会发展的机会;通过加强与劳动市场、企业雇主和各经济体的联系,提高职业教育与培训的质量;通过提升技能标准,提高世界技能组织的组织能力和成员的全球竞争力。世界技能组织 2025 战略确定了技能竞赛、教育与培训、职业生涯建设、研究、国际合作与发展、技能提升六大焦点领域。为全方位践行世界技能组织 2025 战略,中共中央、国务院印发的《中长期青年发展规划(2016—2025 年)》明确了"青年就业比较充分,高校毕业生就业保持在较高水平;青年就业权利保障更加完善,青年的薪资待遇、劳动保护、社会保险等合法权益得到充分保护;青年创业服务体系更加完善,创业活力明显提升"等一揽子青年就业发展目标。我国在未来需紧密围绕加强产业工人队伍建设、加强高技能人才工作、加强职业教育与培训、促进就业等出台一系列政策措

施,同时参考与借鉴世界技能组织 2025 战略的主要内容与目标,开展职业技能提升行动和各级各类职业技能竞赛活动,从而使我国青年通过接受技能培训和参加技能竞赛,学习和掌握一门技术技能,实现高质量就业。此外,我国职业教育还需对接世界技能组织乃至各成员国的职业教育 2025 战略与发展规划,并结合我国职业教育实际,融入世界现代职业教育体系构建的进程之中,具体包括:通过参与世界技能大赛,引领、带动全国各地技能事业的发展和整体水平的提高。面向 2025 年的职业教育发展规划应关注通过参加世界技能大赛,将国际先进工艺流程、产品标准、技术标准、服务标准等融入职业教育教学,推进国际化优质示范性职业院校的建设。应全面对标世赛理念标准,全面学习世赛办赛理念、办赛规则,全面掌握前沿技术标准和技术规则,并将其运用到日后的职业教育课程教学、职业技能培训、企业生产实践过程中,从而引领提高技术技能人才工作水平,提高技术技能人才培养质量。

(二)鼓励开放大学建设海外学习中心,推进职业教育涉外行业组织建设,实施职业学校教师教学创新团队、高技能领军人才和产业紧缺人才境外培训计划

2015 年 12 月,教育部办公厅印发《关于同意在有色金属行业开展职业教育"走出去"试点的函》(教职成厅函〔2015〕55 号),同意中国有色金属工业协会依托全国有色金属职业教育教学指导委员会,将中国有色矿业集团作为试点企业,并遴选全国八所职业院校加入有色金属行业职业教育试点项目,在此基础上,国家开放大学也参与试点项目,以对外汉语教学为抓手,积极实施海外办学项目。2017 年 10 月,我国第一个海外学习中心——国家开放大学赞比亚学习中心在赞比亚揭牌成立[2]。未来,国家开放大学应抓住机遇,加强统筹规划和宏观管理,明确海外办学与企业走出去相结合的重点方向,扩大与行业企业合作规模,与企业有重点、有目标、有组织地开展海外办学合作,逐步扩大与"一带一路"沿线国家的职业教育合作。《国家职业教育改革实施方案》在第十二条"多措并举打造'双师型'教师队伍"中提出:定期组织选派职业院校专业骨干教师赴国外研修访学。2019 年 8 月,教育部、国家发展改革委、财政部、人力资源和社会保障部印发《深化新时代职业教育"双师型"教师队伍建设改革实施方案》(以下简称《职教师资 12条》),其中也明确提出:组织教学创新团队骨干教师分批次、成建制赴德国等国家研修访学,学习国际双元制职业教育先进经验,每年选派1000 人,经过 3—5 年的连续培养,打造高素质双师型教师教学创新团队。这不仅是全面提升职教师资队伍国际化水平的必由之路,还为双师型教师赋予了新的内涵,未来的双师型教师一定是既精准掌握国内职业教育教学规律,又能精准利用国外先进职教经验服务本土教学的高素质"双精准"教师。

(三)积极承办国际职业教育大会,办好办实中国—东盟教育交流周,形成一批教育交流、技能交流和人文交流的品牌

积极承办世界职业教育大会是贡献职业教育的中国智慧、中国经验和中国方案,展示当代中国良好形象的重要途径。Education＋世界职业教育大会暨展览会在我国已经成功举办五届,大会充分展示了中国在职业教育领域的发展成果,加强中国与其他国家在职业教育领域的合作交流,借鉴国外职业教育先进理念和有益经验,已成为国内外职业教育交流融合的重要平台。2020 年,以"提升职业教育国际影响力"为主题的中国职业教育服务"一带一路"建设论坛在杭州召开并发布《之江倡议》,从共同推动职业教育的国际合作、共同推动国际产能合作的人才培养、共同开发制定职业教育的"中国标准"、共同优化完善职业教育的国际治理和共同打造职业教育的命运共同体五个方面明确了职业教育推动"一带一路"政策沟通、设施联通、贸易畅通、资金融通

和民心相通的路径和举措。在互学互鉴、合作发展的基础上,将会有更多具有中国特色的职教方案走出国门,为世界职教发展贡献力量。

2021 年 11 月 22 日,国家主席习近平在北京以视频方式出席并主持中国—东盟建立对话关系 30 周年纪念峰会。自此,中国与东盟正式宣布建立中国—东盟全面战略伙伴关系。这是双方关系史上新的里程碑,将为地区和世界和平稳定、繁荣发展注入新的动力。在纪念峰会上,习近平就未来的中国—东盟关系提出了 5 点建议,其中第 5 条"共建友好家园"强调:"要倡导和平、发展、公平、正义、民主、自由的全人类共同价值,积极考虑疫后有序恢复人员往来,继续推进文化、旅游、智库、媒体、妇女等领域交流。中方愿同东盟加强职业教育、学历互认等合作,增加中国—东盟菁英奖学金名额。明年,我们将相继迎来北京冬奥会和杭州亚运会,中方愿以此为契机,深化同东盟各国的体育交流合作。"

为进一步增进彼此的了解与友谊,开展更务实的教育合作,铺设更畅通的合作渠道,拓展更广泛的合作领域,加强区域间文化交流与发展,自 2008 年起,中国教育部、外交部及贵州省人民政府已联合在贵州成功举办了 13 届"中国—东盟教育交流周"。其中,最新一届的 2021 年交流周推动实施了"中国—东盟多彩学院计划",共建"中国—东盟多彩学院"云平台,推动中国职业院校与东盟及"一带一路"建设国家院校共同开发满足双方需求且符合国际标准的课程,加快推进国际标准课程体系建设;建成并启用"中国—东盟教育交流周美育基地""中国—东盟青少年艺术交流活动中心",促进中国和东盟青少年艺术文化交流,搭建友好往来、民心相通的平台和桥梁。

2021 年是中国—东盟建立对话合作 30 周年,是中国—东盟"可持续发展合作"年,同时也是中国"十四五"规划实行"高水平对外开放、开拓合作共赢新局面"的开局之年。交流周以服务"一带一路"建设为根本,以服务区域经济建设和社会发展为己任,以促进中国和东盟及"一带一路"建设国家合作共进、互利共赢为目标,努力构建更为紧密的中国—东盟命运共同体。

三、推动职业教育走出去

(一)探索"中文＋职业技能"的国际化发展模式

2020 年 11 月,全国首个由教育部中外语言交流合作中心与南京工业职业技术大学共建的"中文＋职业技能"国际推广基地启动,基地旨在统筹推进"中文＋职业技能"数字资源体系建设,实现海外本土化人才培养和企业需求的精准对接,并在全国职业教育国际化师资培训、国际化教育教学资源开发、"1＋X"证书国际化培育与推广、产教融合"携手出海"、职业教育理论研究和政策咨询、人文与技术技能交流等多方面做出有益探索。[3]"中文＋职业技能"项目代表着国际中文教育、职业教育走出去的深度融合,为整合国际中文教育和职业教育资源,实现融合创新和协同发展指明了实践方向。

(二)服务国际产能合作,推动职业学校跟随中国企业走出去

国际产能合作是指围绕生产能力新建、转移和提升等产业与投资方面的国际合作,涉及基础设施建设、资源能源开发等领域,其动因是为了响应"一带一路"倡议,发挥我国产业门类齐全,装备、技术、资金等方面的综合优势和其他方面的比较优势,对接中国和"一带一路"沿线国家供给能力和发展需求,共同发展实体经济、建设基础设施,实现优势互补、互利共赢、共同发展。[4]目前,发展中国家,特别是"一带一路"沿线国家处于产业链中低端,城镇化进程加快,对基础设施和装备制造的需求强劲,一些发达国家基础设施老化比较严重,需要通过改善设施来拉动投资、促进增长。因此,开展国际产能合作,就是将多方力量汇聚在一起,发挥各自的比较优势,形成新的生产力,我国已与 40 多

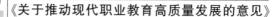

个国家签署了产能合作协议。[5]

2020年10月29日,党的十九届五中全会通过了《中共中央关于制定国民经济和社会发展第十四个五年规划和二〇三五年远景目标的建议》(以下简称《建议》)。《建议》明确提出:"构筑互利共赢的产业链供应链合作体系,深化国际产能合作,扩大双向贸易和投资。"《行动计划》也将职业教育国际化落脚于"服务国际产能合作"上,这不仅体现了职业教育的类型特性,而且展现了合作共赢构建人类命运共同体的价值取向,在当前形势下具有特殊重要的现实意义。其中,支持境外办学、建设海外学习中心、鼓励教师出国研修以及吸引来华合作办学等四个方面成为今后职业教育全方位服务国际产能合作的主要路径。

(三)完善"鲁班工坊"建设标准,拓展办学内涵

作为共建"一带一路"的重要途径,"鲁班工坊"是由天津率先探索的一种职业教育国际化发展新模式。2021年9月,习近平主席在上海合作组织成员国元首理事会第二十一次会议上提出:未来3年,中方将向上海合作组织国家提供1000名扶贫培训名额,建成10所鲁班工坊等。天津市已在亚非欧三大洲16个国家建成17个鲁班工坊。[6]在教学模式上,鲁班工坊以实际工程项目为引导,以实践应用为导向,以创新能力培养为目标。[7]4年间,鲁班工坊学历教育的总规模达663人,面向中资企业、本土企业以及师生的短期培训规模达5513人。[8]未来,各省需在借鉴天津鲁班工坊模式的基础上,进一步加大与海外院校的合作交流,配合中国企业和产品走出去,对接发达国家职业资格标准,建立政府间战略合作框架,加强与境外教育主管部门合作,形成具有自身鲜明特色的境外办学模式。

在已建成的鲁班工坊中,葡萄牙面向本科层次、专业硕士培养应用型、复合型、创新型技术技能人才,服务先进制造业,开设工业机器人、自动化技术类专业;吉布提的高等职业教育刚刚起步,开设铁道(高

铁)技术类、物流管理服务类专业以助力当地基础设施的建设。从这一点看,完善建设标准的核心要义在于因地制宜,调整建设规范,针对不同国家的产业发展规律,开展针对性建设。

重能强技不仅是鲁班工坊的办学内涵,也是鲁班工坊项目建设的本质属性,是有效服务国际产能合作,服务"一带一路"倡议,促进合作国青年高水平就业的根本特征。重能强技要求不断拓展鲁班工坊办学内涵,不断加大国赛国际影响,不断探索综合实训教学,不断密切中外教师在职业技能、专业技术领域交流互动,共研共用,实现鲁班工坊促进合作双方广泛开展"技能社会"建设,形成职业能力培养互鉴互促共同体。

(四)积极打造一批高水平国际化的职业学校,推出一批具有国际影响力的专业标准、课程标准、教学资源

2019 年 3 月,《教育部财政部关于实施中国特色高水平高职学校和专业建设计划的意见》(教职成〔2019〕5 号)的改革发展任务可概括为"一加强、四打造、五提升",其中,"提升国际化水平"明确提出"开发国际通用的专业标准和课程体系,推出一批具有国际影响的高质量专业标准、课程标准、教学资源,打造中国职业教育国际品牌"。

专业标准的"国际化"是提升中国职业教育知名度和影响力的"牛鼻子"。《意见》提出的具有国际影响力的专业标准可以理解为承载着我国文化"软实力"的国际化专业标准的开发理念,它在观念层面解决了社会民众对职业教育的价值判断问题。在国际化社会多重文化彼此融通、交织的背景下,它也将成为我国高等职业教育品质保障和职业教育文化"软实力"的具体体现,成为国内现代职业教育综合实力逐鹿的品牌效应。

全球化时代是一个职业无国界的时代,要打造全球统一的就业市场,促进人才的国际流动,就离不开各国共同的职业标准,这就需要推

进我国课程标准的国际化进程。对我国来说,推进课程标准的国际化主要体现在四个方面:一是对接国际组织开发的职业标准,如世界经济与合作组织等制定的职业标准。二是对接区域性地方组织开发的职业标准和资格框架,如欧盟资格框架。三是对接发达国家及其各行业组织开发的职业标准,如美国 2010 年制定的国家职业标准(共计840 个)。四是对接大型跨国企业与全球行业领跑者开发的职业标准,如微软开发的职业资格证书被全球同行认可。

为落实职业教育"走出去"的国际化理念,专业教学资源库起到了至关重要的作用。我国可引入国际先进成熟的行业企业规范、国际职业技能标准、职业资格认证标准并融入资源建设"专业标准库"和"链接资源库";引入世界企业参与项目建设;建立强化语言应用和跨文化交际的专业英语课程;组织教师参与专业与课程建设国际研讨会等。因此,资源库项目在资源建设上的国际化趋势正逐步强化,也在一定程度上促进了国际化技术技能人才的培养。更好地结合"一带一路"的发展需求进行专业层面的国际化职业人才培养和国际生交流;基于课程资源层面的国际化包装和输出,并利用国际化标准的资源进行教育与培训。

(五)各地要把职业教育纳入对外合作规划,作为友好城市(省州)建设的重要内容

友好城市在世界上又被称为姐妹城市,主要兴起于"二战"之后的欧洲。它指一国的城市(或省州、郡县)与另一国相对应的城市(或省州、郡县),以维护世界和平、增进友谊、促进共同发展为目的,在签署正式友好城市协议书后,双方城市积极开展在政治、经济、科技、教育、文化、卫生、体育、环境保护和青少年交流等各个领域的交流合作。作为各国城市间相互交流的重要载体,中国国际友好城市大会是国内与友好城市相关的最高规格的国际会议,由中国人民对外友好协会、中国国际友好城市联合会及地方政府联合主办,旨在加强中外政府对话与合作,推动我国国际友好城市活动开展,提高地方对外开放水平,服务我国总体外交。中国国际友好城市大会每两年举办一届,至今已举办七届。在"十四五"期间,各地可充分借鉴中国国际友好城市大会这一高规格平台的办会形式,同时,结合首批国家产教融合型城市已有的创新经验,抓住契机,将"推动职业教育走出去"纳入对外合作规划,举办"职业教育促进产教城一体化融合发展"相关的会议与论坛,与已缔结友好城市关系的职教发达国家,共谋合作新篇,共商发展大计。

参考文献

[1] 深入贯彻全国职业教育大会精神 扎实推动职业教育高质量发展——教育部有关负责人就《关于推动现代职业教育高质量发展的意见》答记者问[EB/OL].[2021-10-12].http://www.moe.gov.cn/jyb_xwfb/s271/202110/t20211012_571650.html.

[2] 王硕."一带一路"背景下的国家开放大学海外办学探索:以国家开放大学赞比亚学习中心建设实践为例[J].高等继续教育学报,2018(6):71-76.

[3] 腾讯网.全国首个"中文+职业技能"国际推广基地启动[EB/OL].[2020-11-16].https://xw.qq.com/amphtml/20201106A0E65W00.

[4] 第一财经."一带一路"国际产能合作:中国企业为当地创造18万就业[EB/OL].[2017-05-12].https://www.yicai.com/news/5283795.html.

[5] 李进峰.推进我国与中亚地区"一带一路"产能合作[J].职教论坛,2020(2):65-68.

[6] 天津在海外建成17个鲁班工坊:打造"一带一路"上的技术驿站[N].天津日报,2021-01-15.

[7] 曹晔.天津海外"鲁班工坊"建设调研报告[J].职教论坛,2019(6):147-152.

[8] 鲁班工坊建设与发展成就2020[N].天津日报,2020-11-06.

切实加强组织实施

周小平

　　制度的生命在于组织实施,若得不到切实的组织实施,哪怕设计再周密,愿景再完美,也终究难以落地,最终也只是空中楼阁、海市蜃楼。职业教育的类型定位决定了其明显的跨界特征,切实加强组织实施,是推动职业教育高质量发展的重要外部保障。这就要求我们必须准确把握职业教育的内涵和本质,按职业教育规律办事,切实加强组织实施,不断深化职业教育改革和发展,推动现代职业教育高质量发展。组织实施涉及的政策主体包括各级党委和政府、职业教育工作部门、职业学校等,措施内容包括加强组织领导、强化制度保障、优化发展环境等。

一、加强组织领导

(一)各级党委和政府要把推动现代职业教育高质量发展摆在更加突出的位置,更好支持和帮助职业教育发展

　　职业教育高质量发展是新时代的主题,是一项长期性、艰巨性、系统性的工程。习近平总书记多次强调各级党委和政府要高度重视职业教育,落实加快发展职业教育的责任。2014 年 6 月,习近平总书记对职业教育工作作出重要批示:"各级党委和政府要把加快发展现代职业教育摆在更加突出的位置,更好支持和帮助职业教育发展,为实现'两个一百年'奋斗目标和中华民族伟大复兴的中国梦提供坚实人才保障。"2015 年 6 月,习近平总书记在考察贵州省机械工业学校时指出:"职业教育是我国教育体系中的重要组成部分,是培养高素质技能

型人才的基础工程,要上下共同努力进一步办好。"我国经济社会发展到现阶段,对技能型人才尤其是高素质技能型人才提出了更为迫切的要求。职业教育肩负着培养技能型人才的重任,必须摆在同普通教育同等重要的位置来规划。各级党委和政府要把发展中国特色职业教育高质量发展纳入当地整个经济社会高质量发展的政策体系中,坚持党的领导,坚持党管办学方向,健全党委统一领导、党政齐抓共管、部门各负其责的职业教育领导体制。

就教育发展的总体情况来看,目前我国职业教育仍然薄弱,对职业教育重视不够,缺乏投入,职业教育基础薄弱,发展面临诸多困难。

各级党委和政府要加强对职业教育的领导,切实保障职业教育的健康发展,保证职业教育更加突出的重要地位不动摇,要深刻认识职业教育事业对区域经济社会发展的重要贡献,在教育总体规划、经费投入、资源配置、土地供给以及教师队伍建设中把职业教育摆在更加突出位置。

各级党委和政府要树立正确的理念,按职业教育规律和人的发展规律来办职业教育、管职业教育,将深化职业教育改革的一张蓝图画到底,既要保障教育公平,又要让人民群众有教育获得感。

(二)职业教育工作部际联席会议要充分发挥作用,教育行政部门要认真落实对职业教育工作统筹规划、综合协调、宏观管理职责

职业教育工作部际联席会议制度最早成立于 2004 年,当时为研究解决职业教育工作中存在的部门利益协调的有关问题,国务院批复由教育部、发展改革委、财政部、人事部、劳动保障部、农业部、扶贫办共 7个部门和单位组成成立的,教育部为牵头单位,教育部部长任联席会议召集人,各成员单位有关负责人任联席会议成员,主要负责统筹协调全国职业教育工作。随着我国职业教育办学改革的不断深入,开始触及更多诸如混合所有制改革等体制机制的"深水区"问题,涉及的问

题更加复杂,协调的部门更加多元,单纯由教育部牵头的职业教育工作部际联席会议制度难以维系,这就需要国家顶层进一步设计成立更为贴近现实的职业教育工作联席会议制度。为此,国务院于 2018 年 11 月 20 日批复了教育部《关于提请调整完善职业教育工作部际联席会议制度的请示》,建立由国务院领导同志牵头负责的国务院职业教育工作部际联席会议制度。2019 年 1 月 24 日发布的《国家职业教育改革实施方案》中再次提出"完善国务院职业教育工作部际联席会议制度"。该会议制度由教育部、人力资源和社会保障部、发展改革委、工业和信息化部、财政部、农业农村部、国资委、税务总局、扶贫办等单位组成,国务院分管教育工作的副总理担任召集人。这让我们更清晰地看到了国家对推进职业教育改革的重大决心,将进一步加强对职业教育工作的领导,强化统筹协调,形成工作合力。

在联席会议制度下,教育行政部门主要承担统筹规划、综合协调、宏观管理职责。职业教育作为我国国民教育体系的重要组成部分必然由教育行政部门担负主体管理责任。但相比普通教育,职业教育又具有与经济联系最为紧密、直接服务于产业行业的鲜明特点,这一特点决定了教育行政部门既要管理职业教育工作,又不能管得太死、包揽过多。我国职业教育事业的发展实践表明,只有广泛发动和依靠各行各业、社会各种力量来参与和举办,职业教育才能健康发展。统筹规划就是要对职业教育事业的发展有一个全盘的计划和安排。职业教育肩负着培养多样人才、传承技术技能、促进就业创业等职能,为此,职业教育一定要与经济社会需求紧密对接、同人民群众期待紧密契合、同我国综合国力和国际地位更加匹配。为了促进职业教育的高质量发展,提高其办学质量、水平和效益以适应经济社会不断变化的需求,就必须从整体上对职业教育的发展进行规划。目前统筹规划的主要内容是职业教育的发展规模、层次结构、各层次间的比例、专业布局、重点发展方向等。综合协调,就是在政府统筹下广泛动员和依靠各种社会力量兴办职业教育,这是我国大力发展职业教育的必要手段。职业教育办学主体的多样性客观上要求教育行政部门在职业教育的发展方针、政策措施和发展模式等方面进行综合协调,使各方面在发展职业教育的过程中配合得当、形成合力。从实践上说综合协调首先是政策上的协调努力,使不同部门的有关政策有利于职业教育的发展;其次是工作上的配合,与职业教育相关的部门很多,这些部门间工作上的配合是职业教育发展的重要保证。做到了政策的基本统一、工作上的配合协作也就实现了综合协调的任务。宏观管理,就是指从直接的和具体的管理模式向间接的宏观管理模式的转变。通过宏观调控、微观放开调动一切积极性进一步促进大力发展职业教育的方针的落实,如职业教育的办学方向、机构的设置标准、质量评估、重大工作的布置和检查等。

(三)国家将职业教育工作纳入省级政府履行教育职责督导评价,各省将职业教育工作纳入地方经济社会发展考核

督导评价是督导部门代表政府及其教育部门管理教育的一种行政行为,即对教育过程和教育目标达到度进行系统的评估和价值判断。督导评价具有导向、管理、鉴定、改进和激励等功能。发展职业教育不仅仅是促进经济发展的要求,也是社会公平、教育公平的要求;是建设和谐社会的要求,也是缓解升学压力,减少学生挫折感,提高成就感和自信心的要求。国家将职业教育工作纳入省级政府履行教育职责督导评价,各省将职业教育工作纳入地方经济社会发展考核,充分体现了教育工作必须贯彻全面从严治党的要求,充分体现了国家对职业教育发展的高度重视,有利于各级政府和教育相关部门更好地发挥督导评价的导向、管理、鉴定、改进和激励等功能,切实把对职业教育的重视和调控作为各级政府人力资源建设和开展素质教育考核的核心指标,增加职业教育的公共投入,重视技能型人才,促进教育公平,提高

职业教育吸引力。

（四）选优配强职业学校主要负责人，建设高素质专业化职业教育干部队伍

马克思主义认为，人是生产力中最活跃的因素。群雁高飞头雁领，群羊奋进头羊带。《意见》中明确指出，要选优配强职业学校主要负责人。关于如何选优配强学校主要负责人，教育部等九部门印发的《职业教育提质培优行动计划（2020—2023 年）》给出了明确的答案，"按照社会主义政治家、教育家的要求选好配强职业学校领导班子。"党委领导下的校长负责制，是在职业学校坚持和加强党的领导的重要制度安排，必须长期坚持并不断完善。学校党委要承担管党治党、办学治校主体责任，履行把方向、管大局、作决策、抓班子、带队伍、保落实的领导职责。要执行民主集中制，完善议事决策制度，健全党委统一领导、党政分工合作、协调运行的工作机制。

要建设高素质、专业化职业教育干部队伍。这要求我们深度聚焦"高素质、专业化"这两个新时代干部队伍的重要标准。习近平总书记强调，用人导向最重要、最根本，也最管用。任人唯贤，反对任人唯亲，坚持事业为上、公道正派，把好干部标准落到实处。突出政治标准，牢固树立"四个意识"和"四个自信"，忠诚、干净、担当，能者上、庸者下、劣者汰，真正把好干部选出来、用起来。干部是决定性的因素，是"关键少数"，要有关键作为。以习近平新时代中国特色社会主义思想把舵定向，持续加强学校党委及其职能部门建设，加强干部队伍建设，强化政治理论学习，选优配强干部队伍，直接影响到学校的领导核心和政治核心作用的有效辐射和落实，影响到学校各项工作计划的有效实施和成效。

(五)落实职业学校在内设机构、岗位设置、用人计划、教师招聘、职称评聘等方面的自主权

职业教育不同于普通教育的类型定位,正如习近平总书记多次强调的,职业教育"要牢牢把握服务发展、促进就业的办学方向,深化体制机制改革",职业教育要以适应产业和就业需求为导向,在内设机构、岗位设置、用人计划、教师招聘、职称评聘等方面,赋予学校更多自主权。由学校在限额内根据办学实际需要和精简、效能原则,自主设立内设教学、科研机构并报机构编制部门备案,自主设置岗位,自主确定用人计划,自主确定招考标准、内容和程序,公开招聘岗位信息、自主招聘各类人才,实行事后备案。职业院校与行业企业可按规定在目录外合作共建新专业,开发新课程,培养紧缺急需领域的技术技能人才。

同时,大力推进职业院校内部管理体制改革,鼓励高校取消内设机构的行政级别,对管理人员实行职员制,保障高校内设机构和人员享有相应的晋升、交流、任职、职称评聘、薪酬及相关待遇。高校自主推进教师考核评价改革,完善考核标准,可以引进行业企业标准,优化考核方式,贯彻执行岗位聘用制,充分发挥岗位管理的竞争激励作用,切实增强学校活力。职业学院可根据国家和地方有关规定,自主制定教师到企业兼职从事科技成果转化活动的办法和离岗创业办法。职业学校可以按规定设立一定比例的流动岗位,用于吸引有创新实践经验的企业家、科技人才到本单位兼职。

(六)加强学校党建工作,开展新时代党组织示范创建和质量创优工作,把党的领导落实到办学治校、立德树人全过程

学校党建是学校一切工作的核心,要将党建工作与学校事业发展同部署、同落实、同考评,增强"四个意识"、坚定"四个自信",充分发挥学校党委的领导核心和政治核心作用,牢牢抓住意识形态工作的领导

权,落实意识形态工作责任制,确保职业学校正确的办学方向和人才培养导向。要把抓好职业学校党建工作作为办学治校的基本功,把党的教育方针全面贯彻到学校工作各方面,以高质量党建引领高职教育事业高质量发展。

开展新时代职业学校党组织示范创建和质量创优工作。抓示范精益求精,抓质量久久为功,切实提高政治站位,强化责任担当,更加深入贯彻党的创新理论,更加有力地坚持党对职业教育的全面领导,更加彻底地做实党建工作基本功,更加精准地服务国家重大战略。紧紧围绕立德树人根本任务,不断完善党委领导下的校长负责制,提升基层党组织组织力,夯实党支部战斗堡垒。在提升思想政治工作质量上当好标杆,重点在构建工作体系、提升教育实效、强化队伍建设上下功夫。切实扛起党建主体责任,在引领学校改革发展上当好标杆,进一步集聚优势资源服务经济社会发展,强化统筹引领推进职业教育,坚持底线思维确保政治安全和校园稳定。

二、强化制度保障

(一)加快修订职业教育法,地方结合实际制定修订有关地方性法规

1996年,《中华人民共和国职业教育法》正式颁布施行,这是新中国成立后第一部职业教育法,具有里程碑意义,标志着中国职业教育法制化发展的开端,职业教育的法律地位得以正式确立。2019年,教育部牵头研究制定的《中华人民共和国职业教育法修订草案(征求意见稿)》推出,并面向社会征求意见。2021年3月24日,李克强总理主持召开国务院常务工作会议,讨论通过"修法草案"。6月7日,"修法草案"提请第十三届全国人大常委会第二十九次会议审议。6月10日,全国人大常委会法制工作委员会面向社会公众再次征求意见,引

起社会广泛关注和讨论。这是《职业教育法》颁布实施 25 年来的首次大修，成为当前职业教育界的一件大事。修订草案共 8 章 58 条，聚焦职业教育领域热点难点问题，着力解决突出问题，推动培养数以亿计的高素质技术技能人才，为进一步深化职业教育改革提供法律基础。

职业教育法的修订，着眼于新时代、新变化和新业态，旨在从立法层面完善职业教育体系和管理体制，为构建现代职业教育体系、推动职业教育高质量发展、规范办学水平和质量，解决当前职业教育诸多现实问题提供有力法治保障。职业教育法的修订，着重在以下几个方面：一是加强党对职业教育的领导，如第四条加入了坚持中国共产党领导，体现了党性高度；二是为适应新时代要求进一步完善职业教育体系，完善职业教育管理体制，明确了职业教育内涵、定位、实施原则和现代职业教育体系框架，增加了职业教育对外交流与合作、建设"学分银行"、建立完善国家资历框架、完善职业教育教师培养培训体系、针对产教融合型企业的政策、关于学徒制在职业教育中的规定等内容；三是有力推动多元办学，进一步强化政府统筹和行业指导职责，发挥企业职业教育主体作用，支持社会力量办学；四是提升职业教育质量和水平，包括扩大职业学校办学自主权，促进产教融合、校企合作，健全职业教育社会评价机制；五是加强对职业教育的支持和保障，包括加强职业教育教师队伍建设，健全职业教育经费投入机制，营造促进职业教育发展的社会氛围。

同时，要尽快推动地方教育法律法规建设，加快地方职业教育法制建设进程，各级政府应当根据自身职业教育发展实际，适时制定促进职业教育发展的地方性法规和国家相关教育法律法规的实施办法。首先，政府要实质性地协调各个相关部门，由专门机构和专人负责协调和落实，充分发挥统筹、协调的作用，制定相关的法律法规，规范政府、学校、企业等在办学中的权利与义务，通过投资、评估、指导等方法引导职业院校的发展方向，整体化推进职业教育。其次，运用多元手段

协调各方利益,密切部门合作,赢得行业支持和社会参与,相互配合、互惠互利。通过创设环境、搭建平台、制定政策、提供信息服务等,引导职业教育机构面向市场,搞活机制,自主办学。最后,建立有效的督导与监督机制。进一步健全各级政府职业教育督导制度,探索建立相对独立的职业教育督导机构,独立行使督导职能。

(二)健全以政府投入为主、多渠道筹集职业教育经费的体制

随着我国产业升级和经济结构调整不断加快,职业教育的地位和作用越发凸显。近年来,各级财政部门把职业教育作为财政投入重点,新增教育经费不断向职业教育倾斜,引导和支持地方不断加大投入力度,优化支出结构,有力推动职业教育改革发展。党的十八大以来,伴随我国现代职业教育体系建设的推进,各级财政新增教育经费向职业教育倾斜,年均财政性经费增速超过 10%,职业教育经费中来自财政性经费的比例不断提高,有力支撑了生均拨款制度完善、职业院校办学条件改善、教师素质提高、骨干校示范校双高校建设、深化产教融合校企合作等各项改革任务,更好地满足了职业教育人才培养的需要。2016—2020 年,中央财政安排 1036 亿元现代职业教育质量提升计划资金,支持各地建立完善中高职生均拨款制度,拨款水平逐年提高,高职扩招持续推进,教学科研条件显著改善。2019 年、2020 年高职院校分别扩招 116.4 万人、157.4 万人,连续两年超额完成扩招任务。落实《国家职业教育改革实施方案》部署,支持 197 所院校开展中国特色高水平高职学校和专业建设;支持产教融合、校企合作,加强双师型教师队伍建设等,推动全国组建 1500 多家职教集团,吸引 3 万多家企业参与;支持 1+X 证书制度试点工作,鼓励职业院校学生在获得学历证书的同时,取得多类职业技能等级证书,增强就业创业本领。多措并举之下,我国职业教育已成功构建起纵向贯通、横向融通的现代职业教育体系,培养输送了一大批支撑经济社会发展急需的技术技能人才,正

式迈入了提质培优、增值赋能的高质量发展新阶段①。

职业教育的高质量发展,必然要求在投入和管理上尽快打破政府办学"单一化"的格局,实现多元化办学。这是发展职业教育的必然途径,其最终目标是建立一种由各利益相关方自主参与、基于自主合作的符合共同利益的职业教育治理机制。政府投入是主渠道,政府应选择一些关系国计民生、制约经济发展的战略性产业,或是能促进经济社会发展的急需大量紧缺技能型人才的行业,将其作为办学和投资的重点领域。同时要采取积极有效措施,加大企业、行业、社会团体、公民个人和境外机构等多种力量办学的比重,形成多个办学主体、多种投资主体共同办学的多元办学格局。

各级政府要从多角度、多层面促进行业企业参与职业教育,如:在宏观层面,注重完善政策体系,为行业、企业参与职业教育提供制度保障,为行业、企业参与职业教育增加战略筹码;在中观层面,着重深化产教融合,对产教融合型企业给予"金融+财政+土地+信用"的组合式激励,并按规定落实相关税收政策,为行业、企业参与职业教育提供宽松优质的外部环境;在微观层面,增强行业、企业主体意识,落实好产教融合企业的遴选工作,优化行业企业举办职业教育的办学环境,形成"学校—行业—企业"三位一体的合作模式。高等职业院校本身也要通过校企合作,共建实验实训基地,减缓经费保障压力。尤其是民办高等职业院校,主要以收取学生学费为经费来源,要合理利用资金,把钱花在刀刃上,优先保证教改与科研、学生实习实践等开支。

(三)优化支出结构,新增教育经费向职业教育倾斜

国家对职业教育经费投入已经取得了长足进步,不过由于职业教育起步晚,中间发展阶段曾经一度受各种等因素制约,职业教育经费

① 《中国财经报》2021年12月2日。

在全国预算内教育经费中所占的比重仍然较小。同时,教育经费来源主要依靠国家财政性教育经费和学杂费收入,社会投入比例偏小,高职教育与普通本科教育的生均经费差距仍然较大。2019年1月,《国家职业教育改革实施方案》在完善技术技能人才保障政策章节中明确提出,"在保障教育合理投入的同时,优化教育支出结构,新增教育经费要向职业教育倾斜"。2019年3月29日,教育部、财政部发布《关于实施中国特色高水平高职学校和专业建设计划的意见》(简称"双高计划"),提出要集中力量建设50所左右高水平高职学校和150个左右高水平专业群,打造技术技能人才培养高地和技术技能创新服务平台。"双高计划"充分体现了国家对职业教育的谋划发展,勾勒出了高职学校未来发展的总体目标,到2022年,列入计划的高职学校和专业群办学水平、服务能力、国际影响显著提升,到2035年,一批高职学校和专业群达到国际先进水平,引领职业教育实现现代化。2021年5月19日,财政部、教育部发布的《关于下达2021年现代职业教育质量提升计划资金预算的通知》,要求建立与办学规模、培养成本、办学质量等相适应的财政职业教育支持机制,优化教育支出结构,新增教育经费要向职业教育倾斜。巩固提高高职院校生均拨款水平,支持做好2021年高职扩招工作。在优化中职教育资源布局的基础上,进一步完善中职学校(含技工学校)生均拨款制度,各地中职学校生均财政拨款水平可适当高于当地普通高中。2021年10月出台的《关于推动现代职业教育高质量发展的意见》再次提出,优化教育支出结构,新增教育经费要向职业教育倾斜。

从2019年的《国家职业教育改革实施方案》,随后与之相配套启动的"双高计划",到2021年《关于推动现代职业教育高质量发展的意见》,一连串的方案、计划、意见的出台与实施,让我们体会到了职业教育"必须下大力气抓好"的迫切性和坚定决心,体现了新时代背景下国家对职业教育高度重视、加快发展的教育方针。

（四）严禁以学费、社会服务收入冲抵生均拨款，探索建立基于专业大类的职业教育差异化生均拨款制度

无论是人才培养还是学校的可持续发展，经费都是极其重要的保障因素。经费投入，需建立长效机制。建立高等职业教育生均拨款制度是政府履行法定职责的必然要求，完善高职经费保障机制的重要内容，是解决高等职业教育投入不足的治本良方，是推动省级政府发挥统筹作用的重要抓手，是督促举办方履职尽责的重要手段。严禁以学费、社会服务收入冲抵生均拨款，探索建立基于专业大类的职业教育差异化生均拨款制度。据了解，目前我国职业教育生均拨款制度实施过程中存在生均拨款与培养成本脱钩，职业教育成本分担机制不畅，生均拨款与办学质量脱钩，职业教育政府投入导向不足、生均拨款政策差异大等不利于职业教育均衡发展的问题，建议探索以专业大类为基础、以办学绩效为导向的生均拨款制度改革，把专业大类作为办学成本测算对象，根据成本补偿和分担原则，核定拨款标准，进而构建更加科学合理的财政投入体系。在生均拨款制度中融入绩效因素，按办学绩效采取差异化拨款标准，形成绩效结果在生均拨款和专项拨款核拨上全面应用的制度体系。在生均拨款核定中考虑绩效因素，实行优校优投的财政投入政策，强化绩效激励导向，这有利于不断提高高等教育办学水平和财政支出绩效。

三、优化发展环境

我国经济社会发展进入新时代，呈现出持续快速发展的特点，职业教育也迎来了大好的发展时期。据统计，"十三五"期间我国重点建设了197所特色高水平职业院校，培养了一大批技能人才。数据显示，我国技能人才已超过2亿人，占就业人数总量的26%。然而高技能人才仅有 5000 万人,占技能人才总量的比例较小,与德国、日本等制造强国相比仍有差距。德国是制造强国,同时也是职业技术技能教育强国。高质量职业教育体系,是支撑实体经济发展的基础。但目前职业教育仍是我国教育领域的短板。要补短板,需做好以下三点。

(一)多渠道做好宣传,引领时代风尚

目前社会上仍然普遍存在"职业教育不吃香"、重普通教育轻职业教育的观念,由此导致职业教育生源严重不足,出现学历型人才过度饱和而技能型人才奇缺的劳资供需失衡格局等现象。要有效扭转这些现象,需要我们加强正面宣传,挖掘宣传基层和一线技术技能人才成长成才的典型事迹,弘扬劳动光荣、技能宝贵、创造伟大的时代风尚,形成全社会尊重技术技能人才的社会文化观。

习近平总书记多次号召积极营造劳动光荣的社会环境,引导广大人民群众树立辛勤劳动、诚实劳动、创造性劳动的理念。2013 年 4 月 28 日,习近平总书记在同全国劳动模范代表座谈时指出:"工业强国都是技师技工的大国,我们要有很强的技术工人队伍。"2014 年 6 月,习近平总书记就加快职业教育发展作出重要批示:"弘扬劳动光荣、技能宝贵、创造伟大的时代风尚。"2016 年,他进一步强调:"我们要在全社会大力弘扬劳动精神,提倡通过诚实劳动来实现人生的梦想、改变自己的命运,反对一切不劳而获、投机取巧、贪图享乐的思想。"2020 年,习近平在致首届全国职业技能大赛的贺信中,指出"技术工人队伍是支撑中国制造、中国创造的重要力量","要高度重视技能人才工作,大力弘扬劳模精神、劳动精神、工匠精神,激励更多劳动者特别是青年一代走技能成才、技能报国之路,培养更多高技能人才和大国工匠,为全面建设社会主义现代化国家提供有力人才保障"。

加大中央和地方主流媒体、新兴媒体对职业教育的宣传力度,打造一批形式多样的职业教育宣传品牌。鼓励职业学校建好用好新型宣传平台,讲好身边的职教故事。常态化开展职业学校校园开放,企业开放,面向中小学的职业体验,面向社会的便民服务、职教成果展示等宣传展示及服务活动,提升职业教育的影响力和美誉度。

2020年7月,教育部印发《大中小学劳动教育指导纲要(试行)》,指出:"劳动教育是新时代党对教育的新要求,是中国特色社会主义制度的重要内容,是全面发展教育体系的重要组成部分,是大中小学必须开展的教育活动。"职业教育是围绕职业劳动开展的教育,与生产劳动、生活劳动、社会服务性劳动有着天然的联系。劳动教育是职业教育人才培养的应有之义。劳动入课成硬核要求,有助于增强学生职业荣誉感和责任感,提高职业劳动技能水平,培育积极向上的劳动精神和认真负责的劳动态度。

社会主义现代化建设对人才的需求是多种多样的,不仅需要科学技术人才和管理人才,也需要大量技术技能人才。技术创新只有适应一线生产实际的需要,被一线劳动者和技术技能人才所掌握、所应用,创新的意义和价值才能真正得到实现。社会主义现代化建设需要大力营造推进职业教育现代化的良好社会环境,引导全社会确立正确的人才观和教育观,营造有利于现代职业教育发展的舆论环境和社会氛围,增强职业教育在社会中的影响力和吸引力,这是加快建设我国职业教育体系的前提。

(二)各方面打通通道,享受同等待遇

"三百六十行,行行出状元。"职业教育肩负着培养多样化人才、传承技术技能、促进就业创业的重要职责。打通通道,尊重技能人才,提升技能岗位的认可度,打通职业学校毕业生在就业、落户、参加招聘、职称评审、晋升等方面的通道,与普通学校毕业生享受同等待遇,推进职业教育健康、持续、高质量发展。职业教育能提供更多样化的成长成才路径,人人皆可成才、人人尽展其才,真正做到职业教育"就业有门,升

学有路,继续发展有基础,创业有优势",有效分流高考升学压力,改变"千军万马过独木桥"的现象。走出人才观、职业观的认识误区,改革用人标准,消除身份限制,打破用人门槛;转变就业观念,学得一技之长,实现技能报国理想;吸引更多年轻人学技能、当工人,培养数以亿计的高素质劳动者和技术技能人才,弘扬劳动光荣、技能宝贵、创造伟大的时代风尚。

(三)高层次表彰先进,释放国家信号

高层次技术技能人才关乎国家未来。《意见》指出,对在职业教育工作中取得成绩的单位和个人、在职业教育领域做出突出贡献的高层次技术技能人才,纳入国家高层次人才培养计划,并给予表彰奖励和大力宣扬,这充分体现了国家要下大力气突破高层次技术技能人才瓶颈的决心,职业教育值得期待。

在全球竞争日趋激烈的背景下,经济发展越来越需要技术工艺的革新和引领。在我国从制造大国迈向制造强国的进程中,需要大量具有复合型知识和大国工匠精神的高技能人才,职业教育尽快跟上产业创新的步伐尤显重要。习近平总书记指出:"我国经济要靠实体经济作支撑,这就需要大量专业技术人才,需要大批大国工匠。"专业技术人才是中国制造业的重要力量,他们身上蕴藏的工匠精神是创新创业的重要精神源泉。同时职业教育应主动对标找差距,深度参与找动力,既要引进、消化、吸收、再创新,也要独立自主,集中力量在关键共性技术、前沿引领技术、现代工程技术和颠覆性技术上谋求创新。

(四)打破阶层固化格局,探索从工厂、农村中选拔干部的机制

习近平总书记指出:"技术工人队伍是支撑中国制造、中国创造的重要基础,对推动经济高质量发展具有重要作用。"打破职业偏见,打破社会阶层固化格局,探索从优秀产业工人和农业农村人才中选拔干部

的机制,促进底层群体向上涌动,积极践行"劳动光荣,人民至上"的价值理念,彰显对基层劳动者诚实劳动和工作能力的尊重、肯定与褒扬,让普通劳动者中的优秀分子在经济上得实惠,政治上有地位,更具宣传和导向意义。

加大技术技能人才薪酬激励力度,提高技术技能人才社会地位。干部的选拔任用还要与培养提升紧密结合。认真落实中央人才工作会议精神,完善人才管理制度,优化干部育选管用,大力实施人才强国战略,努力为各类人才搭建干事创业平台,让事业激励人才,让人才成就事业。

综上所述,在党的全面领导下,强化制度建设,优化发展环境,狠抓工作落实,必然使职业教育在全面建设社会主义现代化国家中的作用显著增强,营造人人努力成才、人人皆可成才、人人尽享其才的良好生态,最终推动职业教育高质量发展,从而提升经济社会发展水平及国家整体竞争力。

第 三 编

实践与推进

加快构建类型特色鲜明的现代职业教育体系思考

周建松

2021 年 4 月,习近平总书记对职业教育工作作出重要指示[1],这既为职业教育发展指明了方向,同时也对职业教育发展提出了更高的要求,其中最为重要的是要加快构建类型特色鲜明的现代职业教育体系。当前,落实习近平总书记重要指示和全国职业教育精神,加快构建现代职业教育体系成为推进职业教育高质量发展的重大课题和重要工作。本文在回顾我国现代职业教育体系探索与实践的基础上,提出加快构建现代职业教育体系的若干思考与建议。

一、我国现代职业教育体系的探索历程

十一届三中全会后,党和国家的中心工作转移到经济建设上来,其后,党中央又提出科教兴国战略,优先发展教育事业。伴随着经济体制改革的深化,教育改革也在不断深化,与时俱进构建职业教育体系成为推进职业教育发展的重要举措。

(一)1985 年提出建立职业技术教育体系

1985 年,中共中央召开了全国教育工作会议并印发了《中共中央关于教育体制改革的决定》(以下简称《教育改革决定》)[2],作为以中共中央名义印发的关于教育的综合性改革政策文件,其出台的目的是为社会主义现代化建设多出人才、出好人才。《教育改革决定》第一次提出建立职业技术教育体系,强调了纵向从初级到高级布局、横向与行业配套的要求,同时职业教育与普通教育沟通,今天看来,《教育改革决定》影响深远,这个职业技术教育体系也具有较强的前瞻性与科学性。

(二)21 世纪以来对现代职业教育体系的持续探索

进入 21 世纪以后,国家对发展职业教育高度重视,持续加大制度创新、政策供给和投入力度,在此过程中逐步形成了现代职业教育的理念与体系。2002 年,国务院印发《国务院关于大力推进职业教育改革与发展的决定》[3],文件第一次使用现代职业教育体系的"现代"字样,同时强调了特色鲜明、自主发展、灵活开放的要求,具有无穷的探索之意。2005 年,国务院召开全国职业教育工作会议,并印发《国务院关于大力发展职业教育的决定》(国发〔2005〕35 号,以下简称《决定》)[4],提出中国特色现代职业教育体系。较之以前政策,《决定》特别强调了中国特色,充分表明了中国职业教育改革发展的目标,同时,《决定》也强调了满足人民群众终身学习需要，充分体现了发展职业教育的目的和根本。2010年，党中央国务院召开了全国教育工作会议，中共中央总书记胡锦涛、国务院总理温家宝发表了重要讲话，会议系统部署了面向2020年的教育改革和发展工作并印发了《国家中长期教育改革和发展规划纲要（2010—2020年）》[5]，提出建设中高职协调的现代职业教育体系，职业教育体系建设的目标更加具体化、明晰化。

（三）2014年提出建立具有中国特色、世界水平的现代职业教育体系

2014年，习近平总书记对职业教育作出重要指示强调，必须高度重视，加快发展，坚持产教融合、校企合作，坚持工学结合、知行合一，要营造劳动光荣、技能宝贵、创造伟大的时代风尚，促进人人皆可成才、人人尽展其才。[6]国务院印发《关于加快发展现代职业教育的决定》[7]，对现代职业教育体系建设有了更具体的描述，中国特色基础上的世界水平是这个文件的鲜明特征，充分表明我们正在探索一条在中国特色基础上谋求世界水平的现代职业教育发展之路。同时教育部等六部门印发了《现代职业教育体系建设规划（2014—2020年）》[8]，比较全面系统地专门性地对职业教育做出了规划，也具有划时代的重要意义。

应该说，从1985年提出构建职业技术教育体系，到面向2020年建设具有中国特色、世界水平的现代职业教育体系，内容不断深化，表述更为精准，中国特色、世界水平导向更为明确。

二、党的十九大以来关于现代职业教育体系建设的新谋划

党的十九大以来，党中央做出要在职业教育领域"下一盘大棋""打一场翻身仗"的战略部署[9]，在构建现代职业教育体系进程中迈出了更

大更坚实的步伐。

（一）将职业培训纳入现代职业教育体系

党的十九大提出要优先发展教育事业，明确了总体要求，强调要"落实立德树人根本任务，发展素质教育，推进教育公平，办好人民满意的教育"。[10]完善职业教育与培训体系具体包含两方面内容：一是培训是职业院校的法定职责，现代职业教育体系至少包括培训，必须构建一个职业教育和职业培训相统一、相协调的体系，这为探索建立现代职业教育体系明确了新的方向；二是要把现代职业教育与就业创业结合起来，构建完整的职业教育、职业培训和就业创业工作体系，进一步明确了职业教育与培训体系建设、促进就业之间的关系。

（二）明确职业教育类型为体系建设奠定坚实基础

2019年1月，国务院印发《国家职业教育改革实施方案》。《国家职业教育改革实施方案》在我国职业教育发展史上具有里程碑的意义，它是在过去几十年的实践探索摸索，过去一个阶段国务院发布的一系列推动职业教育改革发展的决定基础上，贯彻习近平新时代中国特色社会主义思想，对职业教育改革创新作出的重大部署。《国家职业教育改革实施方案》明确职业教育是一种类型，提出完善国家职业教育制度体系，健全国家职业教育制度框架，完善教育教学相关标准，启动"1＋X"证书制度试点工作，开展高质量职业培训，实现学习成果的认定、积累和转换等方面的具体要求，促进产教融合、校企"双元"育人[11]，为现代职业教育体系建设奠定了坚实基础。

（三）现代职业教育体系定位进一步明晰

2020年9月，教育部等九部门印发《职业教育提质培优行动计划（2020—2023年）》（以下简称《行动计划》）[12]，提出了办好公平有质量、类型特色突出的职业教育,加快推进职业教育现代化的十大重点建设任务,作为落实《国家职业教育改革实施方案》的重要抓手,《行动计划》主要任务是把党中央国务院关于职业教育改革发展的决策部署落到实处,其中关于推进各类职业教育协调发展的具体举措表明了我国推进现代职业教育体系建设的政策导向,要求中职发挥好基础作用,专科高职发挥好主体作用,同时,把稳步发展高层次职业教育摆上了重要位置,这不仅对构建现代职业教育体系提出了战略构想,而且对中职、专科、本科乃至更高层次职业教育在现代职业教育体系中的作用进行了系统性设计,为推动现代职业教育体系建设指明了方向。

三、对加快构建类型特色鲜明的现代职业教育体系的思考

加快构建类型特色鲜明的现代职业教育体系,我们必须从历史发展的脉络出发,紧密结合当前经济社会发展的特点,瞄准时代发展趋势进行系统思考。

(一)坚持类型定位,强化类型特色

要认真贯彻落实习近平总书记 2014 年和 2021 年关于职业教育重要指示精神,深入研究优化职业教育类型定位[13],其基本思路是:

1.要把办学方向切实落到服务区域经济和行业发展上来。职业教育要瞄准国家战略,对接区域产业发展,努力做到专业对接产业、课程对接岗位、教学过程对接生产经营过程,不断调整和优化专业结构、课程体系,真正做到"不求最大,但求最优,但求适应社会需要"[14],使职业教育做到地方离不开、行业都需要。

2.要把办学目标切实落到培养技术技能人才上来。各级各类学校会有不同的人才培养目标,作为一种类型教育,职业教育就是要坚持以服务为宗旨、就业为导向,培养适应生产建设服务管理第一线的技

术技能人才,也就是说,技术技能人才是职业教育类型的总定位,中职、专科、本科或者更高层次职业教育应该有不尽相同的具体定位,如职业本科教育培养高层次技术技能人才。

3.要把办学模式切实落到产教融合、校企合作上来。实践证明,产教融合、校企合作是培养应用型职业化技术技能人才的可行路径。坚持工学结合、知行合一,必须充分利用国家重视产教融合这一契机,不断深化产教融合、校企合作,真正将其作为培养技术技能人才的重要抓手,尤其要加强实践性教学,加强校内外实训实习基地的建设。

4.要把培养重点落在培养学生的创新创业能力上来。作为以技术技能人才为基本培养目标的类型教育,职业教育要通过产教融合、校企合作体制机制建设,着力加强专兼结合的双师型教学团队和专任教师双师素质建设,深化教育教学改革,改革课程教材体系,着力培养学生的就业能力和基于专业的创新创业能力,真正实现职业教育作为跨界教育的目标要求,学生会做能创,就业有能力,创业有本领。

(二)立足于适应需求,突出满足需要

我国职业教育体系构建是一个逐步认识和发展的过程,从全面系统的角度看,我们应该在"适应"和"满足"上下功夫。

1.着力"两个适应",即适应经济社会发展需要和产业结构调整需要。职业教育是各类教育中与经济社会发展和产业结构调整、产品技术升级最为紧密的教育,具有跨界特征。我们研究和构建职业教育体系,首先要研究我国经济社会发展的需求,研究产业结构调整变化对职业教育的需求。由于国家在不同发展阶段和各个不同时期经济社会发展的要求也不尽相同,在开启社会主义现代化国家建设的新征程中,我们大力发展实体经济,重点发展现代制造业(尤其是智能制造)、现代服务业,要推动乡村振兴,就要把专业结构及其专业建设内容很好地调整到现代农业、现代制造业、现代服务业和信息技术产业上去,

从而使我们的人才培养工作能够满足和实现国家对于类型教育的要求，对促进人才结构、教育结构的优化，尤其是推动产业结构乃至经济结构升级发挥积极作用。

2.着重"两个满足"，即满足人民群众对接受职业教育（包括终身学习）和经济社会发展对技术技能人才的需要。虽然这些年我国职业教育的发展速度很快，人才培养质量和办学水平也在不断提高，但总体而言，职业教育的社会吸引力还不是很强。随着经济的发展，广大人民群众对职业教育会不断提出新的要求，有需要通过中职—高职—职业本科途径参与学历型职业教育的，也有需要通过职业培训来提升岗位就业能力或转岗优岗的。对此，我们必须认真研究和落实，特别是当前职业本科教育颇受人民群众关注和期待，我们应积极开展理论研究与实践探索。同时我们也必须看到，经济社会发展对高素质技术技能人才尤其是高层次技术技能人才提出了新的要求，对复合型创新型技术技能人才、紧缺型技术技能人才也有具体的要求，我们应该在学历层次、专业结构优化、课程教学更新、技术与内容结构等方面进行深入研究和实践，使我国的职业教育体系真正能够适应社会经济发展。

（三）努力做到纵向贯通、横向融通

如果说现代职业教育体系建设类型定位是前提，适应满足是要求，那么纵横关系则是其基本格局，只有构建起在层次、类型、价值等方面都被社会接受的格局，职业教育才会充满生机和活力，对此，要努力做到纵向贯通、横向融通。

1.构建纵向贯通的教育体系。现代职业教育体系的建设是一项系统工程，首先应该有一个从低到高的学校教育体系。我国的职业教育是从中等教育改革开始的，逐步有了中等职业教育；随着 20 世纪 80 年代短期职业大学的自发发展，逐步有了专科层次的高等职业教育；20世纪末高等教育大众化政策的推进，使我国专科层次高等职业教育有了大的发展,于是形成了我国中等教育阶段职普大致相当,高等教育阶段高职教育占"半壁江山"的格局,在此背景下,我们开始加大了对本科层次职业教育的探索和研究。总体而言,随着社会经济发展和技术进步,本科层次技术技能人才必然受到欢迎,但本科层次职业教育由谁来办始终存在争议。《国家职业教育改革实施方案》明确了开展本科层次职业教育试点的要求,习近平总书记作出了稳步发展职业本科教育的重要指示,本科层次职业教育已从试点走上稳步发展之路,从中职到专科高职再到职教本科,进而到专业硕士、博士的职业教育体系将不断完善。

2.建设横向融通的教育体系。现代职业教育要受到社会的重视,要增强社会吸引力,纵向体系的完善不可或缺。与此同时,我们还需要研究职业教育与普通教育的等值和融通问题,必须牢牢把握《国家职业教育改革实施方案》提出的两者同等重要要求,使同一层次的各类教育之间可以相互融通,实现地位同等,同时要建立科学的评价办法,以彰显职业教育特有的社会价值。

(四)以高适应性彰显职业教育高质量

十三届全国人大四次会议通过的《中华人民共和国国民经济和社会发展第十四个五年规划和 2035 年远景目标纲要》明确提出要增强职业技术教育的适应性[15],这既为职业教育发展指明了方向,也为我们构建现代职业教育体系明确了目标。我们认为,党和国家之所以要大力发展职业教育,要加快构建现代职业教育体系,就是要在进一步扩大教育规模、增加人民群众接受高等教育机会的同时,要优化我国的高等教育结构,从而实现适应和需求相一致的目标。

1.这是根据我国人才结构特点所做出的决策。我国的高等教育毕业生数量已不算少,但大学生找不到好工作,用人单位找不到好人才的矛盾依然存在,其深层次原因就是人才结构不匹配。我们提出增强职业教育适应性,就是要解决人才市场适应性和人才结构性问题,真正使人才学有所用,学用一致。

2.要增强职业教育的适应性,必须深入推进教育教学改革。正因为这样,我们在研究类型定位时就强调了服务方向、办学目标、办学模式、培养重点等方面的定位,这是增强适应性的前提。同时,我们要在具体的教育教学改革中狠抓落实。对此,我们需要抓好提质培优行动计划的落实,尤其是要深化"三教"改革。

3.关键是要制定类型教育的标准和制度。作为类型教育,要真正实现自身的价值,必须形成自己的特点和特色,这就需要我们探索建立起与类型教育相适应的标准和制度,包括学校标准、专业标准、课程标准乃至校长标准,真正打造相对独立的教育教学和人才培养体系,真正为建设技能型社会做出贡献。

(五)朝着中国特色、世界水平的目标方向不断前进

习近平总书记强调,要加快构建现代职业教育体系,这是党中央站在实现"两个一百年"奋斗目标的大局,从为中华民族伟大复兴提供技术技能人才保障所做出的重要决策,因此,面向2035年乃至更长时间我们所要构建的现代职业教育体系必须具有中国特色、世界水平。改革开放是我国的基本国策,深化改革开放是时代的要求,职业教育作为与经济社会最为密切的教育类型,不仅要在国内经济发展中积极发挥作用,更要在中国经济伴随"一带一路"建设和国际产能合作中形成主导力量。

1.在构建以我为主的职业教育标准制度上下功夫、出成效。改革开放四十多年来,我们在学习国外先进的教育理念和管理经验方面取得了显著成绩,就职业教育而言,我们对德国"双元制"、澳大利亚"TAFE"、美国社区学院、英国"三明治"模式、新加坡"教学工厂"模式、加拿大"能力本位"模式等都进行了学习和借鉴[16],时至今日,我们应

该以"博采众长、融合提炼、自成一家、中国特色、世界水平"的要求来进行新的探索,走我们自己的路,真正形成与综合国力相适应的世界水平职业教育,这应当是中国特色高水平高职学校和专业建设计划的重点任务。

2.明确中国特色现代职业教育体系建设的立足点和根本要求。习近平总书记在多次讲话和指示中都已经十分明确提出,职业教育发展必须坚持党的领导、坚持正确办学方向、坚持立德树人。为此,我们一定要全面贯彻党的教育方针,努力做到"九个坚持",切实做好"四个服务",尤其是把立德树人的根本任务落到实处,做到五育并举,努力培养中国特色社会主义建设者和接班人,这应当是类型特色鲜明的现代职业教育体系建设的立足点和根本要求。

参考文献

[1] 习近平对职业教育工作作出重要指示[EB/OL].[2021-04-15].http://www.xinhuanet.com/politics/leaders/2021-04/13/c_1127324347.html.

[2] 中共中央关于教育体制改革的决定[EB/OL].[2021-05-27].http://www.moe.gov.cn/jyb_sjzl/moe_177/tnull_2482.html.

[3] 国务院关于大力推进职业教育改革与发展的决定[EB/OL].[2020-07-12].http://www.gov.cn/gongbao/content/2002/content_61755.html.

[4] 国务院关于大力发展职业教育的决定[EB/OL].[2021-02-14].http://www.gov.cn/zwgk/2005-11/09/content_94296.html.

[5] 国家中长期教育改革和发展规划纲要(2010—2020 年)[EB/OL].[2020-06-30].http://www.moe.gov.cn/srcsite/A01/s7048/201007/t20100729_171904.html.

[6] 习近平就加快发展职业教育作出重要指示[EB/OL].[2020-12-12].http://cpc.people.com.cn/n/2014/0624/c64094-25189804.html.

[7] 国务院关于加快发展现代职业教育的决定[EB/OL].[2020-10-20].http://www.gov.cn/zhengce/content/2014-06/22/content_8901.html.

[8] 教育部等六部门关于印发《现代职业教育体系建设规划（2014—2020年）》的通知[EB/OL].[2021-01-10].http://www.moe.gov.cn/srcsite/A03/moe_1892/moe_630/201406/t20140623_170737.html.

[9] 陈子季.以大改革促进大发展 推动职业教育全面振兴[J].中国职业技术教育,2020(1):5-11.

[10] 习近平.决胜全面建成小康社会 夺取新时代中国特色社会主义伟大胜利——在中国共产党第十九次全国代表大会上的报告[EB/OL].[2017-10-28].http://www.gov.cn/zhuanti/2017-10/27/content_5234876.htm.

[11] 国务院关于印发国家职业教育改革实施方案的通知[EB/OL].[2017-10-01].http://www.gov.cn/zhengce/content/2019-02/13/content_5365341.htm.

[12] 教育部等九部门关于印发《职业教育提质培优行动计划（2020—2023年）》的通知[EB/OL].[2020-10-01].http://www.gov.cn/zhengce/zhengceku/2020-09/29/content_5548106.htm.

[13] 周建松,陈正江.贯彻落实《实施方案》着力推进高职教育类型特色建设[J].职教论坛,2019(7):73-78.

[14] 闽江学院牢记总书记嘱托,全力建设高水平有特色的应用型大学:不求最大,但求最优,但求适应社会需要[N].中国教育报,2021-04-14(3).

[15] 中华人民共和国国民经济和社会发展第十四个五年规划和2035年远景目标纲要[M].北京:人民出版社,2021.

[16] 周建松,陈正江.中国特色高等职业教育话语体系的构建[J].现代教育管理,2019(1):67-73.

（本文发表于《职教论坛》2021年第8期）

稳步发展职业本科教育的思考与实践

周建松

全国职业教育大会 2021 年 4 月 12—13 日在北京召开,习近平总书记在大会上作出重要指示,他强调,在开启社会主义现代化国家新征程中,职业教育前景广阔、大有可为,要优化职业教育类型定位,建设高质量职业教育体系,同时,特别强调要稳步发展职业本科教育。这是党和国家最高领导人对职业教育发展作出的最新的重要指示。与此同时,教育部以教发〔2021〕1 号文的名义印发了《本科层次职业学校设置标准(试行)》,又以教职成〔2021〕1 号文的名义印发了《本科层次职业教育专业设置管理办法(试行)》,这都释放出构建现代职业教育体系,推进本科层次职业教育发展的积极信号。当前,全国范围内正掀起学习贯彻全国职业教育大会的新高潮,如何正确理解和把握本科层次职业教育发展的步伐、节奏,如何真正使职业本科教育办出特色和水平,都是需要我们认真思考和认真回答的宏大命题。

一、充分认识新时代发展本科层次职业教育的重要性

从 2002 年开始,国务院和有关部门开始提出构建我国职业教育体系的构想,在不同阶段,基于我国经济社会发展的不同特点及其对人才的需求状况,对职业教育体系也有不同的表述;2010 年,《国家中长期教育改革和发展规划纲要(2010—2020)》明确提出,到 2020 年,形成适应经济发展方式转变和产业结构调整要求,体现终身教育理念,中等和高等职业教育协调发展的现代职业教育体系,满足经济社会对高素质劳动者和技能型人才的需要。但在当时,高职主要理解为专科层

次。2014年,国务院召开了第七次全国职业教育工作会议,国务院印发了《关于加快发展现代职业教育的决定》等文件,会议和文件均提出要构建现代职业教育体系,但总体上寄望于推动地方本科转型。直到2019年《国家职业教育改革实施方案》文件印发,在明确提出职业教育与普通教育是两个不同类型具有同等重要地位的同时,明确提出开展本科职业教育试点,与此同时,教育部先后审批了27所专科层次高职院校(含5所与独立学院合并转设)升格为本科层次职业技术大学,正式拉开了具有类型特色的本科层次职业教育的序幕,应该说,这是顺势而为,应运而生。

第一,发展本科层次职业教育是构建现代职业教育类型体系的需要。《国家职业教育改革实施方案》开宗明义,职业教育与普通教育是两个不同的类型,具有同等重要地位,明确了我国把职业教育作为一个类型的基本定位,而落实类型定位的基本要求,就必须构建与其地位相适应的层次和体系,彻底改变职业教育发展进程中纵向断头路的状况,从而为类型教育的真正形成提供制度保障,以满足经济社会发展对结构化人才的需要。

第二,发展本科层次职业教育是顺应技术变化发展的必然要求。职业教育作为一种类型教育,其基本任务是培养技术技能人才,技术和技能是很重要的人才培养规格和特征。当今世界,科学技术日新月异,技术的进步和变化发展飞速,大量新技术的广泛应用,对人才的知识技术需求提出了新的挑战,要满足技术变化和进步的要求,需要我们的职业教育延长学制、丰富内容,而实现由专科向本科层次的发展是重要路径之一。

第三,发展本科层次职业教育是适应产业升级和结构调整的必然要求。职业教育基本特征是贴近产业需求、实行校企合作、专业对接产业、课程对接岗位、教育教学对接生产经营过程是其基本要求,与技术进步相适应,产业结构调整变化加快、传统产业被加速淘汰、新产业层出不穷，以先进技术和新材料新工艺相适应的先进产业，如智能制造、互联网＋产业不断涌现，这就要求我们要加快培养适应新技术发展的复合型技术技能人才，这在短学制或传统专科层次很难有作为，也难以适应，建立以服务新产业为方向的本科层次职业教育时不我待。

第四，发展本科层次职业教育是满足人民群众美好生活期待的现实需要。党的十九大对我国经济社会发展状况做出了新的判断，也就是说，我国经济社会发展的主要矛盾已经转向人民群众对美好生活的需要与发展不平稳不均衡之间的矛盾。在教育领域也是这样，人们开始从追求有学上转化为上好学。为此，党中央做出了建设高质量教育体系的决策部署，在职业教育领域，体系完善、类型打造、本科层次就成为明显短板，成为社会和百姓关心之热点，这几年专升本爆棚，就是一个明证。要更好地满足人民群众的期待，回应社会的关切，发展本科层次职业教育必须提上议程。

第五，发展本科层次教育是我国高等教育对接国际的现实需要。党中央做出推进我国教育现代化战略选择，并提出了 2035 年教育基本现代化的总体要求，"双高计划"也明确要建设一批"引领改革、支撑发展、中国特色、世界水平"的高职学校和专业群，探索形成中国职业教育高质量发展的道路、制度、标准，这实际上是说，我国的高等职业教育不仅要接轨国家、对接发达国家和地区，同时，我们的高等职业教育也要探索形成自己的特色，形成自身的制度和标准；从综合的角度看，从培养高层次技术技能人才为目标的本科层次职业（技术）教育应在命题之中，对此，我们应该学习和借鉴。

二、发展本科层次职业教育需要厘清的问题

事实上，关于要不要发展本科层次职业教育的问题讨论已久，至少有十年时间，时至今日，共识已经基本形成，必要性也已经得到广泛

理解,特别是教育部文件(教发〔2021〕1号和教职成〔2021〕1号)的印发,已经提供了基本依据,释放了明显信号。习近平总书记关于稳步发展职业本科教育的指示,为整个战线指明了方向,提供了遵循。我们的主要任务是科学理解、正确把握、积极推进。当然,我们需要把以下一些问题梳理清楚:

(一)本科层次职业教育由谁来办

关于本科层次职业教育由谁来办的问题,不同时间,我们有不同的认识。从2014年开始,我们在政策上是希望由新建的地方本科学校转型来办,从当时的政策层面看,我们明确要推进应用型本科转变,一段时间强调主要举办本科层次职业教育,为此,教育部、国家发改委、财政部三部委下发了《关于引导部分地方普通本科高校向应用型转变的指导意见》(教发〔2015〕7号),强调明确类型定位,创新应用型技术技能人才培养模式,教育部、财政部和各地教育、财政部门以立项形式予以专项经费支持,执行结果是:有所进展,但成效不明显;核心问题是"谈职色变"。随后,教育部又明确让一部分民办专科层次高职院校升格为职业技术大学,试点举办本科层次职业教育。这项工作刚刚起步。2019年和2020年,先后批了21所学校。2020年后,为推进独立学院转设,教育部又鼓励独立学院联合专科高职院校转设,2020年和2021年,已有部分学校入列,目前正在紧张进行中,但成效还难预估。我们认为,发展本科层次职业教育,政策上可以多管齐下,鼓励各类学校加入其中,不应排斥且应该积极鼓励条件比较好,人才培养质量高,特色比较鲜明的专科层次高职院校积极创造条件申办,并努力成为高素质技术技能人才培养的主力军,当然,我们更应关注中国特色高水平高职学校的诉求和发展,为他们自主举办本科层次职业教育创造条件,扫清障碍。

(二)本科层次职业教育由谁来学

本科层次职业教育由谁来学,实际上是生源如何解决的问题。当前,职业教育自身面临的矛盾是继续坚持以就业为导向,还是兼顾升学发展的问题。从最近有关政策风向看,对职业教育升学有所放松乃至鼓励,这对本科层次职业教育由谁来学的问题提出了必然的思考。我们认为,从大力发展、加快发展职业教育的要求看,从满足人民群众对本科层次职业教育的期盼看,本科层次职业教育的学生可以有以下几种生源。一是普通高中毕业生,要鼓励招收直接面向社会主义现代化生产、建设、管理、服务第一线主战场的本科职业院校,就读职业教育。二是重点招收中等职业教育毕业生,经过对口(准对口)接续培养,使其成为高素质技术技能人才。三是在现有专科层次高职毕业生中招生,既可以满足其就读本科层次的深造愿望,也可以培养复合型技术技能人才。四是鼓励普通本科学校、部分应用型院校学生和军转干部接受本科层次职业教育,使他们拥有适应经济社会需要的一技之长,更好地报效祖国、服务社会,成就自我,也就是说,本科职业教育招生生源可以多样化。

(三)本科层次职业教育由谁来教

由谁来教,实际上就是教师结构如何调整的问题。职业高等学校有别于普通高等学校,它以培养高素质技术技能人才为目标,需要满足本科层次的文化知识水平和素质素养要求,但必须把培养解决复杂问题的实践能力作为基本目标。正因为如此,这类高校教师队伍的组成应该有其特点和要求,多年以来,既强调教师的双师素质,又强调教师团队的双师结构。这些都是对的。在新的历史条件下,我们既要强调本科层次职业学校要由一批专任教师来承担思想政治理论课、文化基础课及公共素质类课程的教学,但作为培养高素质技术技能人才的

要求,必须构建起与其相适应的专业课教师团队。为此,教育部等四部委在相关文件中已经给出了政策空间,建立"固定岗＋流动岗"相结合的团队建设制度,同时鼓励建立结构化双师型教学创新团队。通过进一步分析,我们认为,要实现本科层次职业教育的要求,在教师队伍构建中,需要一大批相对固定的专任教师,更需要在相关专业领域聘请一大批兼职教师,由两者共同组成结构化教学创新团队。专任教师要创造条件具备双师素质,结构化团队要力争做到理念融合、专兼结合、双师组合,以满足人才培养工作的要求。

(四)本科层次职业教育怎样培养人

也就是说,作为本科层次职业教育的办学模式特征,我们需要认真研究。20多年来,我国高等职业教育已经探索形成了产教融合、校企合作办学模式和工学结合、知行合一的人才培养模式。对此,习近平总书记在2014年对职业教育工作作出的重要指示中就强调,要坚持产教融合、校企合作,坚持工学结合、知行合一。在稳步发展职业本科教育进程中,我们要在更高层面贯彻好习总书记的指示精神,落实好《国务院办公厅关于深化产教融合的若干意见》(国办发〔2017〕95号),切实完善产教融合、校企合作的办学模式,通过工学结合,培养知行合一的技术技能人才。

(五)本科层次职业教育培养什么样的人

稳步发展职业本科教育,最终要回答好培养什么样的人这一问题。而培养什么样的人,首先必须回答为谁培养人的问题,这既有政治方向层面的定位,也有服务对象的业务层面定位。从政治方向看,毫无疑问,我们必须培养德智体美劳全面发展的中国特色社会主义建设者和接班人;从业务方向看,我们必须立足生产建设管理服务第一线,为区域经济社会发展培养高素质技术技能人才,为中小微企业技术进步和产品升级服务。这就是说,要培养面向经济建设主战场、技术服务第一线的技术技能人才。这是我们的使命和方向。对此,我们要有清醒的认识和清晰的定位。

三、职业本科教育发展过程中应解决的矛盾

稳步发展职业本科教育是以习近平同志为核心的党中央做出的重要决策,也体现出习近平总书记和党中央对职业教育的关心和重视,我们一定要以"两个维护"的政治自觉,把这项利国利民的事情抓好并切实抓出成效。

(一)正确处理类型、层次、结构之间的关系

我国是世界上最大的发展中国家,也兴办着世界上最大的高等教育,穷国办大教育,既拥有许多机遇,也面临许多挑战和矛盾,我们既要有理想、有志气、有远大目标,也要回到现实环境中来。一方面,我们必须看到,传统学历社会、知识型教育的高等教育发展内生土壤和外部条件仍然存在,学校领导的观念、教师的理念、社会的认同机制还深刻存在;另一方面,职业教育、技能社会的社会认可度还不是很高,尤其是职业教育发展过程中初始形象不佳,地区之间发展不均衡,人才培养质量不够高,办学条件不够好乃至不达标情况还比较明显。正因为这样,对职业本科教育的发展,诸如存在价值、发展路径等问题,社会有一个形成共识和逐步认同的过程,我们一定要从类型、层次、结构、规模、质量等统一协调的角度去统筹其发展,逐步形成社会共识。

(二)有序推动专科层次高职教育升本办学

稳步发展职业本科教育,出发点是发展,方法论是稳步。发展职业本科教育既是当前的诉求和要求,也是长期的战略目标。从构建适应

经济社会发展需求,纵向贯通、职普融通,体现终身教育理念的现代职业教育体系的要求看,从打造类型鲜明的高质量职业教育的建设目标看,我们需要厘清思路再发展,明确标准再建设,需要有一定的准入门槛,需要成熟一所、审批一所、发展一所。从我国的实际情况看,既需要妥善解决好独立学院的问题,使其向本科层次职业教育方向努力,也需要鼓励新建本科院校重新定位转型发展,举办本科层次教育。但更应厚植基础,从职业教育类型的学校中寻求力量,正是从这个意义上说,有计划、有步骤地推动中国特色高水平高职学校升格为本科层次教育,不失为可行的稳步发展之路。

(三)建立健全设置标准和评价指标

稳步发展职业本科教育,对于我国教育改革发展而言,也是一场革命,我们要站在大力发展、加快发展职业教育的视角思考问题,想国家之所想、急国家之所急,积极创造各种条件,推动本科层次职业高等教育的发展。与此同时,我们要抓紧推动《中华人民共和国职业教育法(修订版)》的人大立法审议,使职业本科教育有法可依,要抓紧修改《中华人民共和国学位条例》,使职业本科教育后续问题得到落实;要积极创造条件,进一步完善本科层次职业学校设置标准,专业设置标准,健全专业目录,建立课程标准,教师入职标准,学生毕业标准,推动人才培养方案规范化,使职业本科教育发展有可靠基础,真正使类型教育定位优、目标明、步子稳、发展快、可持续,为中华民族伟大复兴的中华梦提供高素质技术技能人才和技能支撑。

参考文献

[1] 习近平对职业教育工作作出重要指示[N].人民日报,2021-04-14(1).

[2] 郭建如.职业教育本科的相关争议探析:兼论高等教育双轨体系构建与职

业教育本科的发展空间[J].职业技术教育,2020(30):8-15.

[3] 郑文.本科应用型教育还是本科职业教育:历史演进与现实选择[J].高教

探索,2020(1):5-10.

（本文发表于《中国高等教育》2021 年第 13/14 期）

加快推进本科层次职业教育政策落地

郑亚莉　　王玉龙

在全国职业教育大会召开前,习近平总书记对职业教育工作作出重要指示,他强调,"在全面建设社会主义现代化国家新征程中,职业教育前途广阔、大有可为""深入推进育人方式、办学模式、管理体制、保障机制改革,稳步发展职业本科教育,建设一批高水平职业院校和专业,推动普职融通、增强职业教育适应性,加快构建现代职业教育体系"。强调要"稳步发展职业本科教育",这将是国家"十四五"时期职业教育发展的重要内容,也是加快推进本科层次职业教育政策落地的根本要求。

新一轮技术革命和产业变革正深入发展,社会生产方式正在重塑,职业的实质内涵和外显形态也在调整,生产方式与组织形式的变化对产业工人提出了新的更高要求。加快发展本科层次职业教育是完善我国现代职业教育体系的内在要求,是解决我国高等教育规模、结构、质量、效益的关键问题,也是增强职业教育适应性的应有之义。加快推进本科层次职业教育政策落地是适应我国产业转型升级、办好人民满意职业教育的迫切要求,更是提升职业教育吸引力,激发职业院校办学活力的关键举措。

一、发展本科层次职业教育的现实逻辑:加快发展本科层次职业教育是我国经济社会发展进入新阶段的结果

从职业教育内部系统分析,加快政策落实是职业教育作为类型教育畅通技术技能人才成长渠道、完善现代职业教育体系的着力点;从

社会环境系统分析,加快政策落实是增强职业教育适应性、实现共同富裕道路上的助推器。在内外复杂因素的作用下,发展本科层次职业教育成为职业教育深化改革、提质培优的现实要求。

(一)完善现代职业教育体系

职业教育作为一种类型教育,与普通教育具有同等重要地位。经过 40 余年的探索与实践,特别是 2014 年《国务院关于加快发展现代职业教育的决定》印发以来,职业教育实现快速发展,现代职业教育体系框架全面建成。本科层次职业教育作为现代职业教育体系的重要组成部分,进一步明确其功能定位、实现方式、发展路径等内容是当前完善现代职业教育体系的关键之举[1]。从政策方面看,不论是"接受本科层次职业教育的学生达到一定规模""开展本科层次职业教育试点",还是推动具备条件的普通本科高校转型,都具有显著的尝试特征,在实质推进上还存在诸多困难,突破职业教育学历教育的"天花板"任重道远。从经济社会发展对人才的需求来看,我国高层次应用型人才的供给与需求还存在着一定矛盾,而结构性矛盾的根源很大程度上在于我国高等教育结构的不合理和人才培养模式的不适应,这需要加快发展本科层次职业教育,优化高等教育结构,完善现代职业教育体系。可见,加快发展本科层次职业教育是完善职业教育这种类型体系的关键,是推进职业教育高质量发展的举措。

(二)适应产业转型升级

伴随我国进入新的发展阶段,经济结构进一步调整,产业升级不断加快,行业企业对高等职业教育培养的技术技能人才提出了新要求。新一轮科技革命正在塑造新的产业形态,智能制造、大数据、物联网等新技术的广泛应用对工作内容产生了深刻而长远的影响,对相应的技术工人提出了新的要求,专科层次培养的技术技能人才在很多领域已经难以有效适应工程和技术两个方面的发展要求,专科学生因为学历受限制、理论基础薄弱等问题在岗位晋升等方面难以获得持续发展。高职院校在高端产业所需人才培养上,受专科三年学制限制,难以培养出符合产业转型升级需要的高质量、高规格人才。而地方普通本科高校在向应用型转变过程中,面临着诸如学科思维、定位模糊,以及职业教育类型认可度不高、产教融合不深等现实问题,这影响了本科层次职业教育在服务产业转型升级、服务地方经济社会发展中的作用发挥。可见,加快发展本科层次职业教育是经济社会发展到新阶段的产物,是社会发展过程中诸多因素综合作用的结果。

(三)办好人民满意的高等职业教育

办好人民满意的教育是各级各类教育者共同的初心,这是历史赋予的责任和使命,也是高职院校继续深化教育教学改革的方向。随着我们进入新时代,我国社会主要矛盾已经转化为人民日益增长的美好生活需要和不平衡不充分的发展之间的矛盾,反映在高等教育领域就是人民对优质高等教育资源的需求更加强烈,更加迫切,高等职业教育作为高等教育的重要组成部分,在推进我国高等教育大众化过程中发挥了不可替代的作用,而解决好高等职业教育的层次问题是办好人民满意高等教育的重要内容。2020 年,全国教育事业统计主要结果显示,我国高等教育毛入学率达到 54.4%,在较短的时间内实现了快速增长,究其原因,一方面得益于国家大力发展高等教育尤其是高等职业教育的宏观政策,另一方面在于人民群众对接受高层次教育有着迫切而巨大的需求。近年来,中国高职高专学生就业报告数据显示,"专升本"学生占毕业生总数比率呈上升趋势,这在一定程度上反映了学生对就读本科层次教育的强劲意愿,在读本科原因分析中 80% 以上学生是"想去更好的大学""职业发展需要""就业前景好"。办好人民满意的高等教育,职业教育大有可为,加快发展本科层次职业教育便是重要路径。

(四)顺应职业教育国际发展趋势

扎根中国大地是办好我国职业教育的关键,借鉴国外职业教育经验是推进自身发展的力量。从发达国家经验来看,经济社会的发展对职业教育的要求会逐渐提升。德国从三年制专科学校到四年制应用科技大学,应用科技大学与普通大学之间的差距逐渐缩小,对学生的吸引力不断增强,对行业企业的服务能力不断提高;美国从社区学院的短期大学快速发展到与大学合办本科层次高职教育,以其灵活多样的办学形式、与工作岗位紧密对接的课程设置以及优良的教学效果获得社会的认可和民众的信赖;日本从五年制专科学校、专修学校到技术科学大学,从副学士到高级专业学士再到专业硕士、博士,培养知识经济时代需要的高级职业人才。各国通过新建、升格、改造等多种方式建设本科层次职业院校,并形成了与普通大学互为补充、共同发展的双轨格局[2]。这些事例说明,加快发展本科层次职业教育是经济社会发展到一定阶段的必然结果,有着自洽的内在逻辑和根本的教育遵循。可见,职业教育质量、层次的不断提升是国际化的发展趋势。

二、国家发展本科层次职业教育的政策历程

发展本科层次职业教育是推进高校分类管理的重要抓手,党和国家关于本科层次职业教育的政策一直有相关表述,且越来越清晰,越来越明确。2014 年,国家文件首次提出探索发展本科层次职业教育,至今已经有八年的时间,相关政策大致可以概括为如下两个阶段。

(一)政策清晰表述,地方试点探索(2014—2018 年)

2014 年,《国务院关于加快发展现代职业教育的决定》首次提出要

"探索发展本科层次职业教育",并要求"接受本科层次职业教育的学生达到一定规模"[3]。该决定是第七次全国职业教育工作会议的重要成果,也是国家层面第一次提出发展本科层次职业教育,这对构建现代职业教育体系而言是历史性的。同年,教育部等六部委印发的《现代职业教育体系建设规划(2014—2020年)》指出"培养本科层次职业人才"[4],强调发展本科层次职业教育的迫切性,也是教育部等部委对国家政策的回应[5]。

2015年,教育部《高等职业教育创新发展行动计划(2015—2018)》指出,完善高等职业教育结构要"重点举办本科层次职业教育",并在任务一栏表中明确工作任务为"探索本科层次职业教育实现形式和培养模式"[6],按照任务要求,江苏、浙江、山东、河北等省开展了试点并取得良好成效,但探索的方式主要是高职院校和普通高等学校合作。2014—2017年,先后有70所高职高专院校升格为普通本科院校,其中,2015年,天津中德职业技术学院整合天津海河教育园区图书馆教育资源建立天津中德应用技术大学。这一时期的主要特点是,发展本科层次职业教育有明晰的政策依据,但在实践中却以地方探索为主,发展本科层次职业教育的渠道不畅通。

(二)政策明确表述,国家试点开展(2019年至今)

2019年1月,国务院印发的《国家职业教育改革实施方案》明确指出"开展本科层次职业教育试点"[7]。同年5月,教育部批准了首批15所民办本科职业教育试点高校,成为国家办本科层次职业教育的重要标志,其中学校名称中使用"职业大学""职业技术大学"字样,强调专科升本后仍需坚持职业教育办学定位,保持职业教育属性和特色。2020年,教育部等九部门印发的《职业教育提质培优行动计划(2020—2023年)》明确指出,"稳步推进本科层次职业教育试点,支持符合条件的中国特色高水平高职学校建设单位试办职业教育本科专业",并在重点任务(项目)一览表中明确具体任务[8]。2020 年 6 月,南京工业职业技术学院经教育部批准更名为南京工业职业技术大学,这是第一所公办专科层次高职学校独立升格为本科层次职业技术大学,开启了公办专科职业院校独立升格本科的序幕。

2021 年 1 月,为规范本科层次职业学校设置工作,教育部印发《本科层次职业学校设置标准(试行)》,从办学定位、治理水平、办学规模、专业设置、师资队伍、人才培养、科研与社会服务、基础设施、办学经费等方面进行明确[9],该标准基于职业教育的类型要求,从服务行业企业及地方经济社会出发明确学校设置指标,这也将成为后续职业院校升格本科层次院校的基本遵循。为进一步规范和完善本科层次职业教育专业设置管理,教育部办公厅印发《本科层次职业教育专业设置管理办法(试行)》,从总则、专业设置条件与要求、专业设置程序、专业设置指导与监督等方面明确了本科层次职业教育专业设置的有关内容[10]。可见,国家发展本科层次职业教育已经有着明确的政策导向,并在逐步推进和落实。概括来说,发展本科层次职业教育的政策已经在落地,探索的形式已经实现突破,扭转了高职高专院校升格为普通院校的局面。

三、加快推进本科层次职业教育落地的建议

发展本科层次职业教育作为完善现代职业教育体系的关键一环,国家的政策已经明确。在实践中开展了多种形式的试点,但本科层次职业教育试点工作仍有待突破。

(一)加快发展本科层次职业教育,首先需要统一发展思想

虽然国家发展本科层次职业教育的政策已经明确,但以何种方式

推进却并未达成共识,职业院校进行了多种形式的探索,各地选择的方式也各不相同,探索了高职院校和本科院校"4＋0"联合培养模式、高职院校和本科院校联合"3＋2"人才培养模式、中职学校与普通本科高校"3＋4"贯通培养模式,教育部升格了一批民办高职院校为职业大学,部分省市进行了独立学院与职业院校合并为职业大学的尝试。其中,高职院校和本科院校联合培养的主导权仍在普通本科院校,高职院校没有学历和学位授予权,民办本科层次职业院校在以公办为主的职业院校群体中代表性不够,而独立学院与职业院校合并组建职业大学的成效也有待评估。

这些问题引起了专家学者和院校实践者的讨论,优质的高职院校为什么不能直接升格为本科层次职业学校? 公办高职院校联合独立学院升格是机遇还是挑战? 多种形式的探索是必要的,但是发展本科层次职业教育主渠道应该尽快明确。在加快推进独立学院转设工作背景下,河北、山西、湖南、山东、贵州等地正在尝试高职院校和转设的独立学院合并为本科层次职业大学,但这里应该对两个不同性质的主体进行充分论证和评估,特别是解决好公办和民办、高职和本科、两校区以及人才培养理念、方式等的差异可能产生的冲突和矛盾,主管部门和合并院校应充分考量合并可能带来的风险。建议教育主管部门总结现有各类试点经验,统一思想,理顺教育部高等教育司和职业教育与成人教育司对本科职业院校的管理权限,明确专科学校升格和高职院校举办本科层次职业教育专业是发展本科层次职业教育的主渠道。

(二)扫清法律障碍,加快修订《职业教育法》

现行的《职业教育法》颁布实施已有 25 年,它对我国职业教育的快速发展和深化改革发挥了重大作用,但《职业教育法》立法之时是我国职业教育发展的起步阶段,只明确了专科层次的职业教育并未明确本科层次职业教育,发展本科层次职业教育尚没有法律依据,原来规定的有关内容已经难以适应职业教育改革的新形势、新任务、新要求,现在迫切需要修订《职业教育法》[11]。在 2019 年公布的《职业教育法修订草案(征求意见稿)》中,有"高等职业学校教育是高等教育的重要部分,由专科、本科层次的职业高等学校和其他普通高等学校实施""设立实施本科层次职业教育的学校,由国务院教育行政部门审批"等的表述[12],建议加快修订《职业教育法》,明确高等职业教育包括专科、本科等的学历体系,为发展本科层次职业教育提供法律依据,扫清法律障碍。《职业教育法》的修订应进一步拓宽职业教育与其他类型教育的贯通渠道,打通职业学校学生发展通道,明确中、高等职业教育贯通的现代职业教育体系,其中,高等职业教育应包括专科、本科、研究生的学历体系。目前,本科职业教育与应用型本科教育的关系、本科职业教育专业学位与研究生教育的衔接在法律上无依据、在政策上不明确、在实践上难突破,而构建中国特色现代职业教育体系则必须解决好这些问题,进而从制度层面清除职业教育的升学障碍,实现职业教育全链条培养,健全高素质技术技能人才成长"立交桥",构建学段衔接、技能递进的职业教育人才培养体系。

(三)推动政策落地,明确发展主渠道

随着职业教育改革的深入推进,职业教育在经济社会发展中的地位和作用进一步凸显,发挥高职院校的积极性和主动性,具有重要的现实意义,对照条件、因势利导,借鉴高职高专升格普通本科正反两方面经验,通过一定程序、放开一定政策,把有条件、有潜能的优质高职院校升级为本科层次职业院校,或把优势特色专业升级为本科层次职业教育专业,是完善现代职业教育体系和优化高等教育结构的可行路径。建议将 2019 年教育部遴选的 56 所中国特色高水平高职学校建设单位升格为职业大学,作为发展本科层次职业教育的主渠道,进一步

扩大本科层次职业教育的试点工作。

中国特色高水平高职学校建设单位是职业教育服务国家战略、融入区域发展、促进产业升级的具体抓手,从中遴选的学校代表了高职院校的高水平,在地方它与产业紧密对接,在业内它有良好声誉,将"双高计划"建设单位中的学校或专业升级为本科层次,有利于彰显职教类型特色,优化高等教育结构,服务地方经济社会发展。一方面,这批学校类型特色鲜明,在长期的办学实践中,高水平高职院校能够聚焦高端产业和产业高端,服务区域经济社会发展,支撑产业转型升级,坚持产教融合、校企合作,工学结合、知行合一,能够培养一批产业急需、技艺高超的高素质技术技能人才;另一方面,这批学校办学基础扎实,实力雄厚,涌现了一批产教融合、校企合作的典型案例,形成了一系列教育教学改革的标志性成果,特别是在技术技能积累、教育教学改革、职业技能大赛等方面代表了中国特色高等职业教育的高水平,能够发挥引领示范作用。

参考文献

[1] 胡成,薛茂云.聚力发展本科职业教育:经验、问题与对策[J].社会科学家,2021(1):154-160.

[2] 郭福春,徐伶俐.本科层次职业教育发展路径探析[J].中国职业技术教育,2017(33):23-26.

[3] 国务院关于加快发展现代职业教育的决定:国发〔2014〕19号[Z].2014-05-02.

[4] 教育部等六部门关于印发《现代职业教育体系建设规划(2014—2020年)》的通知:教发〔2014〕6号[Z].2014-06-16.

[5] 周建松.新型本科:国家示范性高职院校发展的新路径[J].职业技术教育,2014,35(9):69-71.

［6］教育部关于印发《高等职业教育创新发展行动计划（2015—2018）》的通知：教职成〔2015〕9 号［Z］.2015-10-19.

［7］国务院关于印发国家职业教育改革实施方案的通知：国发〔2019〕4 号［Z］.2019-01-24.

［8］教育部等九部门关于印发《职业教育提质培优行动计划（2020—2023年）》的通知：教职成〔2020〕7 号［Z］.2020-09-16.

［9］教育部关于印发《本科层次职业学校设置标准（试行）》的通知：教发〔2021〕1 号［Z］.2021-01-27.

［10］教育部办公厅关于印发《本科层次职业教育专业设置管理办法（试行）》的通知：教职成厅〔2021〕1 号［Z］.2021-01-22.

［11］王玉龙,郑亚莉.职业教育高质量发展的问题诊断与路径选择［J］.中国职业技术教育,2020(13):58-63.

［12］教育部关于《中华人民共和国职业教育法修订草案（征求意见稿）》公开征求意见的公告［EB/OL］.（2019-12-08）［2021-03-08］. http://www.gov. cn/xinwen/2019-12/08/content_5459462. htm.

高职院校复合型国际化人才培养的问题与路径

郑亚莉　魏　吉　张海燕　李　佐

高水平对外开放是我国推进高质量发展的重要组成部分,是构建以国内大循环为主体、国内国际双循环相互促进的新经济发展格局的核心内容,是把握国际国内新发展阶段战略机遇的重要保障。高水平对外开放需要高质量国际化人才的支撑,职业教育应为高质量国际化人才培养做出更大贡献。党的十九届五中全会审议通过的《中共中央关于制定国民经济和社会发展第十四个五年规划和二〇三五年远景目标的建议》明确提出要加大人力资本投入,增强职业技术教育适应性。《职业教育提质培优行动计划(2020—2023 年)》进一步明确目标、压实责任,多措并举增强职业教育适应性,并将加快培养国际产能合作急需人才,提升职业教育的国际影响力作为十大重点任务之一。为实现这一目标,作为职业教育排头兵的高职院校应加大理论研究与实践探索。然而,当前高职院校培养的国际化人才与国家高水平对外开放战略及行业企业“走出去”的现实需求之间仍然存在着不匹配和不适应的现象,反映出高职教育助力社会经济发展的作用一定程度上的失灵和失效。因此,如何科学界定高职院校复合型国际化人才的内涵,优化人才培养内容及发展路径,是推进我国职业教育国际化必须解决的理论与实践问题。

一、高职院校国际化人才培养研究现状

使用 CiteSpaceV 软件对特定研究领域的相关文献进行知识图谱可视化分析,用以梳理现有研究基础。选择中国知网(CNKI)文献分

类目录下"社会科学Ⅱ辑"中"职业教育"类目,以"国际化人才培养"为关键词,搜索发表于 2011 年 1 月至 2021 年 10 月间的文献,剔除书评、会议通知、新闻报道等非研究类文献和重复文献后,得到 309 篇文献作为"高职院校国际化人才培养"研究领域可视化分析的有效样本。对样本进行关键词共现网络分析,结果显示:"行业人才需求""语言能力培养"及"国际理解教育"等主题吸引了越来越多研究者的关注,大量文献从专业、语言和文化等维度对高职院校国际化人才培养展开了研究,复合型人才已成为高职院校国际化人才培养的热点类型。

　　具体来讲,利用共现网络分析方法将文献样本数据导入CiteSpaceV 软件中,节点类型选择关键词(Keyword),时间切片设为 1年,选择路径找寻(Pathfinder)、修剪切片网络(Pruningslicednet-works)、修剪合并网络(Pruning the merged network)对次要的链接进行剔除(Pruning)处理后,得到图 1 所示的关键词共现图谱。图谱中圆圈表示关键词出现的频次,圆圈越大代表关键词出现频次越多;字体大小表示关键词中心性(Centrality)的高低,字体越大表明关键词的中心性越高,在共现网络里的影响力越大。分析关键词共现图谱,可以发现,近十年"高职院校国际化人才培养"研究领域的热点关键词为"一带一路"、培养模式、教学改革、专业标准等。如郭福春、王玉龙[1],陈相芬[2],王媛媛、苏云峰[3],钟富强、高瑜[4]均对"一带一路"建设和国际产能合作背景下国际化人才培养的模式和路径进行了深入研究。进一步分析关键词,可以发现两类关键词簇反映出复合型国际化人才培养的发展趋势:一类是与轨道交通、土木建设、物流管理、酒店管理、动漫设计、电子商务、旅游、会计等专业相关的关键词,反映出复合型国际化人才培养服务于行业企业需求的基本方向。如张仲元、王开田分析了国际化会计人才培养的现状,提出了国际化会计人才培养的创新范式和实施路径[5]。一类是与双语教学、跨文化交际、文化强国、国际视野、国际理解教育等课程体系相关的关键词,反映出复合型国际化人才培养对语言能力、文化素养等培养载体的研究越来越重视。如张海燕、郑亚莉认为高职院校国际化人才培养应突出应用性,从专业、语言、文化三方面构建人才培养体系[6],瞿亚森认为高职院校国际化人才培养重点是加强学生的四大技能:知识(专业能力)、能力(通用职业能力)、通识教育(素养)和发展性能力[7],买琳燕认为高职院校在培养国际化高端人才的过程中应加强国际理解教育[8]。奚亚英提出在全球国际化进程不断加快的背景下,国际理解教育是培育具有国际视野的中国人的重要载体[9]。

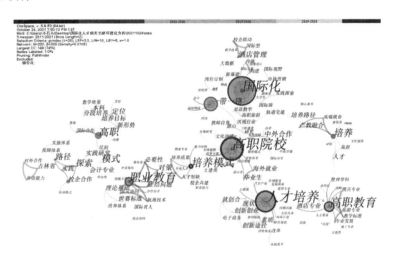

图 1　关键词共现网络图谱

高职院校在复合型国际化人才培养中强调专业、语言和文化等维度,这与我国以"一带一路"建设为主线推动对外开放新格局的构建息息相关。2016 年,教育部发布《推进共建"一带一路"教育行动》,要求教育在共建"一带一路"中发挥基础性和先导性作用,"培养大批共建'一带一路'的急需人才"。区别于传统"泛欧美化"的国际人才,"一带一路"建设所需的国际化人才更趋多样性、复杂性。"一带一路"建设涉及国别众多,沿线国家语言不同、文化各异,对参与"一带一路"建设的国际化人才的语言能力、多元文化理解能力提出了更高的要求。"一带一路"建设承担着推进贸易畅通、设施联通、民心相通等任务,不仅需要国际化管理人才,更需要大量具有国际化素养的技术人员和操作人员,不仅需要他们业务精湛,也需要他们具有良好的国际文化理解与跨文化沟通能力以更好推动民心相通。为此,探索复合型国际化人才培养的现实路径成为近年来高职院校国际化人才培养领域理论研究与实践探索的新热点。

二、高职院校复合型国际化人才的内涵

(一)复合型国际化人才的理论内涵

依据社会人才分类观,社会人才可分为发现和研究客观规律的学术型人才和应用客观规律的应用型人才。其中,应用型人才又可进一步细分为工程型人才、技术型人才和技能型人才。由于现代科技发展日益呈现出显著的综合性与复杂化趋势,H. W. French 的"职业带理论"[10]研究发现,各类人才在职业带上的重叠区域不断变宽,专业内涵不断深化,特别是技术类岗位对专业技术复合程度的要求愈来愈高,技术人员区域在职业带上的分布出现持续向高端前移的现象。借鉴加拿大著名学者 J. Knight 对教育国际化的经典定义,高职院校复合型国际化人才培养是整合"国际(International)""跨文化(Intercultural)""全球(Global)"三种维度使其充分融入高职教育的目的、功能或传递的过程[11]。其中,"国际"是指不同民族、文化与国家之间的关系;"跨文化"是指两种及以上不同文化背景群体之间的交互作用,强调一国环境中文化的多样性;"全球"是强调培养的人才要具有全球视野。三者互为补充,共同反映了高职教育国际化过程在深度与广度上的深刻内涵。整合是将三种维度嵌入高职院校的实际办学过程中。过程则

表示高职院校国际化人才培养是一种正在进行与持续不断的努力。

作为职业教育"类型特征"的一种体现,高职院校复合型国际化人才培养的目的是使学生获得适应日益多元化、开放化、全球化的社会环境所必须具备的综合素质,是为满足国家或区域战略性新兴产业对"一技之长＋综合素质"的层级化考量。

(二)复合型国际化人才的实践内涵

高职教育作为培养面向生产、建设、服务和管理一线所需的高技能人才的类型教育[12],应以满足国家高水平对外开放对国际化人才的需求为己任,从专业、语言、文化三个维度加强复合型国际化人才的培养,以满足行业、企业深化"一带一路"建设的现实需求。

在专业维度上,复合型国际化人才应该"精专业",即具有扎实的专业技术和过硬的专业精神。扎实的专业技术是指国际化人才应该熟练掌握本专业的理论知识,具备突出的职业技能,可以发挥技术示范作用,还应熟悉国际规则和国际惯例,掌握专业领域的国际发展趋势。过硬的专业精神是指在参与国际合作的过程中具有持续学习能力和团队合作精神,能够适应多变的国际环境,并且能够发扬爱国精神、工匠精神,更好展现中国担当。

在语言维度上,复合型国际化人才应该"懂外语",即具有熟练的外语(不限于英语)综合应用能力。当前,"一带一路"建设对熟悉沿线国家语言的小语种人才需求尤为迫切。语言不仅具有工具属性,它更蕴含丰富的人文价值,在培养学生跨文化沟通能力、文化鉴赏能力、国际理解能力的过程中具有天然优势。我们培养的复合型国际化人才除能熟练运用外语开展商务谈判、业务操作外,还要能够在不同国家语境下开展有针对性的交流与对话,发挥中国文化叙述者和传播者的作用,更好地增进中国与"一带一路"沿线国家的文化理解和文化认同,推动世界文明交流互鉴,实现民心相通。

在文化维度上，复合型国际化人才应该"融合化"，即具有多维系统的国际化素养和理解多元文化的价值观。在服务"一带一路"建设的背景下，国际化人才除具备一般意义上的全球视野外，还应强化对特定国家或区域的文化认知，掌握重点国家的政治、经济、历史，熟悉其制度体系和法律环境。同时，在复杂的国际环境下坚定民族文化认同与民族自信，以自信的形象和积极的心态进行跨文化沟通和工作，在处理国际事务过程中理解多元文化观点，推动文化交融。

三、高职院校国际化人才培养现状与问题

近年来，我国职业教育国际化人才培养的改革步伐加快，为经济社会的快速发展和"一带一路"建设提供必要的人力支撑，但与高质量建设"一带一路"对复合型国际化人才的需要还存在不匹配、不适应的问题，无论是人才培养的内容、师资，还是人才培养的保障机制都还存在差距。

（一）国际化人才培养针对性不强

从培养内容看，目前大多数高职院校在国际化人才培养方面尚未形成涵盖专业、语言、文化等多维度的一、二、三课堂相融合的课程体系，教学内容设计上存在着专业教学偏技能、语言教学不深入、国际理解教育尚缺失的问题，国际化人才培养缺乏针对性，无法有效满足国家"一带一路"建设和企业"走出去"的现实需求。

在第一课堂的课程设计上，专业课程偏重普及专业基础知识和训练提升专业技能，缺乏与国别相关的专业课程，如针对特定国家的金融制度、财税知识等相关的课程。非外语专业的学生外语听说读写能力较弱，外语教学课时偏少，无法达到学生熟练掌握一门外语的最低要求，同时也使得专业课全英文教学和双语教学流于形式，无法达到

专业和语言教学相互促进的效果。现有通识课程体系缺少涉及特定国家经济社会发展、行业发展和文化概况等的相关课程。

在第二课堂的活动设计上,主题性、多元化、交叉性的活动普遍缺乏。技术技能竞赛偏向单一的专业知识或外语技能,专业、语言、文化等多维度交叉的技术技能活动较少。国别文化、语言类的活动较为分散、形式单一,缺少系列化、持续性的设计,学生无法在参与第二课堂的活动过程中达到连贯性、融通式、浸润式的学习效果。

在第三课堂的项目设计上,内容缺乏创新性,国际交流学习项目以短期为主,项目类型以夏令营和交换生为主,缺乏周期适当、专业匹配,能显著提升学生综合素质的项目,如海外研修、境外企业实习、援外志愿者服务等,使得学生在参与第三课堂的过程中无法将第一课堂所学的知识应用于实践。

(二)国际化师资能力不强、储备不足

高职院校国际化师资储备不足,在专业、语言、文化三个维度开展跨专业教学的能力较弱。一是高职院校师资队伍中拥有在"一带一路"沿线国家留学或工作背景的教师匮乏,国际化师资储备明显不足。二是专业、语言能力双优的国际化师资稀缺。"一带一路"倡议推进设施联通、贸易畅通、资金融通等建设,相关行业领域中职业能力强的教师英语应用能力可能较弱,英语专业教师语言能力强但可能缺乏特定行业相关的专业学习背景和国别区域研究方法的系统训练。拥有小语种学科背景,同时兼具专业技术技能的国际化师资更为稀缺。三是高职院校整体师资的学科趋同,往往隶属于单一的经济学、管理学、教育学、工学等学科,同时也较少有国际关系、政治学、历史学、社会学等学科的师资,致使承担国际化人才培养的师资队伍学科结构单一,学生通过课程学习虽然可以部分了解相关国家政治、经济、历史、文化等情况,但是对于国际通行规则、文化交融性等国际生态的洞察能力和思辨能力非常欠缺。

(三)复合型国际化人才培养保障支撑机制不健全

现阶段,高职院校培养复合型国际化人才的共识尚在不断强化的过程中。实践中,大部分高职院校制订了校级层面的国际化发展规划,明确将国际化作为学校建设的重要内容之一,但在构建复合型国际化人才培养保障体系的进程中仍暴露出以下问题:一是高职院校中长期发展规划中缺乏对复合型国际化人才培养的顶层设计,对复合型国际化人才培养定位、培养路径、评价体系等缺乏系统规划;二是高职院校内部治理体系中缺乏健全的内部保障机制,各部门、二级学院协同推动复合型国际化人才培养方面协同不足;三是高职院校复合型国际化人才培养研究有待深入,对能够兼顾国家战略、行业需求与学校特色的复合型国际化人才培养的实施路径探索不足,导致培养的人才无法满足国家、行业、企业国际化发展的现实需要。

四、高职院校复合型国际化人才培养路径

高职院校复合型国际化人才培养应创新人才培养路径,从专业、语言和文化三个维度系统开展改革探索,强化师资队伍建设,健全体制机制,在巩固专业实践、语言学习的基础上,强化中华优秀传统文化熏陶,加强针对具体国别和区域的文化教育,培养更多数量、更高质量的具有国际视野、熟悉特定国别和区域文化的复合型技术技能人才,以实现服务国家及区域开放战略、行业企业"走出去"需要的人才培养目标。

(一)构建复合型国际化人才培养课程体系

围绕专业、语言、文化三个维度,优化原有课程体系,挖掘国别区域

研究中心在汇聚国（境）内外教育资源、行业企业资源方面的优势，构建一、二、三课堂相融合的复合型国际化人才培养课程体系。在第一课堂中拓展专业课程的语言维度和文化维度，依托国别区域研究增设与专业相关的国别课程。同时，将语言教学与专业教学相融合，增强外语综合听说读写能力的同时提升学生在专业领域的外语应用能力。在此基础上，利用国别区域研究集聚的专家资源开发体系化的第二课堂素质拓展课程，广泛组织主题化国别或区域专题讲座、语言沙龙、技术技能竞赛、国别文化活动等，增强学生对第一课堂所学知识的理解与感悟。第三课堂要充分发挥国别区域研究平台的国内外合作网络优势，加强实践项目设计，与国内外企业和高校合作开展专题国（境）外实习实践、文化交流、田野调查、夏令营、援外志愿者服务等。值得注意的是，在复合型国际化人才培养的过程中，要特别强调课程思政育人的重要性。复合型国际化人才活跃于国际舞台，是中国文化的传播者、中国故事的讲述者、中国国际形象的代言人。因此，复合型国际化人才不仅应具备过硬的专业能力、语言能力、文化理解和融入能力，还应坚定理想信念、厚植爱国主义情怀、加强品德修养。因此，高职院校在国际化人才培养过程中应把思想政治教育的价值理念融入一、二、三课堂的教学活动中，引导学生把人生理想与国家发展结合起来，在世界舞台上凸显中国的使命和担当。

（二）强化复合型国际化人才培养师资队伍建设

师资队伍建设对培养复合型国际化人才发挥着重要的支撑作用，必须加强资源统筹、引育结合、多措并举，加快形成一支具有广泛国际合作网络、素质过硬、能力强的国际化人才培养师资队伍。结合国家和区域发展需要，面向特定的"一带一路"国别或区域，建设国别区域研究平台，快速形成智力集聚效应，有助于更广范围内快速统筹协同国际化人才培养的师资资源、合作网络资源，加快自有国际化人才培养师资队伍的成长。具体来讲,面向国家及地方"一带一路"建设的重点国别或区域,加强国别区域研究,以研促教、以研促学;同时,积极推动校企合作共建产业学院、鲁班工坊、丝路学院等国际化人才培养校企合作平台。在面向特定的国别或区域的复合型国际化人才培养领域形成资源集聚效应,推动国内外高校智库资源、境内外行业企业资源及相关政府部门资源的集聚协同,并进一步促进高职院校自身的国际化师资队伍建设。如学校可以依托本校国际化合作项目,推动国际化师资培养专项计划,定向选拔有基础的教师,建立以老带新、以优促新的培养机制,分层分类,定向培养;可以鼓励教师带着科研项目和教学任务赴国(境)外访学交流、专题培训、参加国际会议等,在专业、语言、文化三个维度提升国际化素养,进而提升跨学科教学能力;可以创造更有利的条件吸引海外高层次人才,特别是能够与现有师资结构形成互补、带动新兴学科发展的领军人才。

(三)完善国际化人才培养保障体系

目前,高职院校在复合型国际化人才培养工作中还需要进一步加强组织保障、机制保障和资源保障等。具体来讲,一是在国家宏观指导下,依托国别区域研究中心,紧扣"一带一路"建设的实际需求,建立与复合型国际化人才培养目标相符的政产研学相互支撑的良好生态,确保国际化人才培养体系顶层设计的科学性。二是在学校国际化发展战略下,优化完善内部治理体系,建立国际交流处(管理机构)、国别区域研究中心(研究机构)、二级产教学院(执行机构)三位一体的运行体系,完善制度建设,推动复合型国际化人才培养工作权责清晰、衔接有序,确保工作质量与管理效率不断提升。三是完善资金保障、考核激励等具体举措,设置国际化办学和国际化人才培养的专项经费,支持和保障国际化课程建设、国际化科研项目、国际化师资引进、教师海外研修、学生出国(境)交流学习、学生国际竞赛等项目的开展。同时,根据

工作绩效设置复合型国际化人才培养、科学研究、课程建设等分类考核方案,提升教师,特别是青年教师参与国际化人才培养的积极性。

参考文献

[1] 郭福春,王玉龙."一带一路"建设与技术技能型人才培养研究[J].黑龙江高教研究,2016(10).

[2] 陈相芬."一带一路"背景下高职院校协同创新人才培养模式研究[J].中国职业技术教育,2016(4).

[3] 王媛媛,苏云峰."一带一路"背景下技术技能人才培养国际化的现实与走向——以高铁技术技能人才培养为例[J].中国职业技术教育,2021(7).

[4] 钟富强,高瑜.国际产能合作视角下国际化技术技能人才培养的战略要义与实施路径[J].中国职业技术教育,2021(7).

[5] 张仲元,王开田.国际化会计人才培养范式创新研究[J].中国高等教育,2020(10).

[6] 张海燕,郑亚莉."一带一路"倡议与高职国际化应用人才培养模式创新[J].中国高教研究,2019(12).

[7] 瞿亚森.论新形势下的高职国际化人才定位与培养目标[J].苏州市职业大学学报,2017(4).

[8] 买琳燕.高职国际化需加强"理解教育"[J].教育与职业,2014(1).

[9] 奚亚英.以"人类命运共同体"理念审视当前国际理解教育[J].人民教育,2020(22).

[10] FRENCH H W. Engineering technicians:some problems of nomenclature and classification [M]. Paris:United Nations Educational,Scientific and Cultural Organization,1981:30-46.

[11] KNIGHT J. Internationalization remodeled:definition,approaches,and rationales [J]. Journal of Studies in International Education,2004,8(1):5-31.

［12］中华人民共和国教育部.关于全面提高高等职业教育教学质量的若干意见［EB/OL］.（2006-11-20）［2021-09-08］.http：//www.moe.gov.cn/s78/A08/moe_745/tnull_19288.html.

职业教育高质量发展：背景、目标与关键

周建松　　陈正江

党的十八大以来，党和国家高度重视和积极推动职业教育改革发展，习近平总书记于 2014 年、2021 年两次专门就职业教育工作作出重要指示，国务院分别于 2014 年和 2019 年印发《国务院关于加快发展现代职业教育的决定》和《国家职业教育改革实施方案》，教育部等六部门和教育部等九部门分别于 2014 年和 2020 年印发《现代职业教育体系建设规划（2014—2020 年）》和《职业教育提质培优行动计划（2020—2023 年）》，尤其是 2021 年全国职业教育大会的召开及中共中央办公厅、国务院办公厅《关于推动现代职业教育高质量发展的意见》的印发，与此前系列政策一道共同为推动我国职业教育高质量发展构建了顶层设计，创造了政策条件。深化对职业教育高质量发展的理解是落实好系列支持政策的前提和基础，基于此，本文重点围绕职业教育高质量发展的背景、目标和关键展开探讨，为推动职业教育高质量发展提供理论支撑。

一、职业教育高质量发展的时代背景

（一）经济社会高质量发展对职业教育提出了更高的要求

党的十九大报告指出，我国经济已由高速增长阶段转向高质量发展阶段。高质量发展是长期有目的构建技术竞争优势的结果，由对人口质量、社会质量和制度质量的不断提升所致，报酬递增、可持续是其特征。[1]高质量发展就是质量和效益取代规模和速度，因为传统的以规

模扩张为特征的数量型增长难以支撑新阶段高质量发展的要求。中国亟须培养经济增长的新动能,实现以劳动生产率提升为重要特征的效率驱动型高质量发展。[2]而提升劳动生产率的关键在于劳动者素质与技能的提高。在我国经济高速增长进程中,对人口红利或资源禀赋的过度依赖使廉价劳动力长期从事完全竞争生产活动,导致劳动者报酬递减、经济社会发展不可持续。职业教育与经济社会发展有着紧密的联系,随着我国产业升级和经济结构调整不断加快,各行各业对技术技能人才的需求越来越紧迫,职业教育重要地位和作用越来越凸显,特别是其对推动人力资本提升有着显著作用,因此,从物质要素积累转向人力资本等要素质量提升的过程便对职业教育提出了更高的要求,迫切需要通过高质量的职业教育,使劳动者有效适应以知识生产配置为核心的产业转型升级,在技能积累中获得效率补偿。

(二)职业教育发展不平衡不充分的问题亟待解决

在中国特色社会主义新时代,我国社会的主要矛盾已经转变为人民群众日益增长的美好生活需要和不平衡不充分的发展之间的矛盾。虽然我国已经建成了世界上规模最大的职业教育体系,但职业教育领域发展不平衡不充分的问题依然十分突出,与建设现代化经济体系、建设教育强国、办人民满意教育的要求相比,我国职业教育还存在着类型定位不够优化、体系建设不够完善、制度标准不够健全、办学和人才培养质量水平参差不齐、社会参与办学的动力不足、适应性不强、社会吸引力不高、有利于技术技能人才成长的配套政策尚待完善等问题。这些问题固然是受历史、文化、社会心理等因素影响而形成的,而在我国现实中,产教融合、校企合作,工学结合、知行合一机制并没有得以构建,德技并修、育训结合的育人模式也没能很好地彰显,由此引发了职业教育的地位与身份危机,而这种地位与身份危机最主要的肇因是职业教育发展不平衡不充分的问题,如果这些问题得不到解决,势

必造成大量受教育程度较低的劳动力向城市低效服务业聚集,并随经济波动在各行业间漂移,难以提升专业素质,造成人力资本的耗散。[3]而这又陷入了低质量发展的"怪圈",着力打破这一"怪圈",必须直面职业教育发展不平衡不充分的问题并加以解决,以更好满足人们成长得更好、工作得更好、生活得更好等对美好生活的期待。[4]

二、职业教育高质量发展的主要目标

(一)优化职业教育类型定位

《国家职业教育改革实施方案》开宗明义,指出职业教育与普通教育是两种不同教育类型,具有同等重要地位。职业教育一头连着教育,一头连着经济,优化职业教育类型定位不仅是教育问题,也与经济工作和社会发展有着直接而密切的联系,职业教育既体现着内在的教育性,也体现着外部的经济性,必须从实现二者相统一的角度加以审视优化职业教育类型定位,以解决职业教育类型定位不够清晰,突破在普通教育与职业教育间摇摆不定的两难困境。对于职业教育而言,其最鲜明的类型特色是通过人才培养更好满足受教育者作为个体发展的需要,同时满足作为职业世界的企业的要求。早在 50 多年前,美国学者福斯特就在其《发展规划中的职业学校谬误》一文中对学校职业教育和职业学校教育进行了区分,并提醒职业教育的研究者和实践者们要将关注重点从学校拓展到职业,从教育拓展到产业。职业性是职业教育类型定位的基础属性,在贯彻习近平总书记对职业教育重要指示、《国家职业教育改革实施方案》和《关于推动现代职业教育高质量发展的意见》的过程中,要深化产教融合、校企合作,积极推进"1+X"证书制度试点改革,建设双师型教学团队,发展高质量职业培训,进一步优化职业教育类型定位,通过培养学生的职业发展能力,将职业院校打造成为地区性或区域性的技术技能人才培养高地和技术创新服务基地。

(二)健全现代职业教育体系

改革开放以来,我国现代职业教育体系的构建经历了一个长期的过程。从 1985 年的《中共中央关于教育体制改革的决定》提出"逐步建立起一个从初级到高级、行业配套、结构合理又能与普通教育相互沟通的职业技术教育体系",到《中华人民共和国职业教育法》提出"建立、健全职业学校教育与职业培训并举,并与其他教育相互沟通、协调发展的职业教育体系",再到《国家中长期教育改革和发展规划纲要(2010—2020 年)》提出"到 2020 年,形成适应经济发展方式转变和产业结构调整要求、体现终身教育理念、中等和高等职业教育协调发展的现代职业教育体系",2021 年,《中华人民共和国国民经济和社会发展第十四个五年规划和 2035 年远景目标纲要》提出构建高质量教育体系,现代职业教育体系是高质量教育体系的重要组成部分。2015 年,联合国教科文组织发布的《教育 2030 行动框架》指出:"目前,迫切需要开发贯穿一生的灵活技能与能力,因为人们需要在一个更加安稳、可持续、相互依存的知识型及技术驱动型的世界里生活和学习。"现代职业教育发展离不开一个完备的体系,这种纵向贯通、横向融通的教育体系是提升人力资本水平和推动人的全面发展的重要路径。在深化教育供给侧结构性改革的背景下,需要提高职业教育供给适应引领创造新需求的能力。这就要求在普职等值和中高衔接的理念指导下,延伸职业教育发展链条,构建现代职业教育体系,以适应广大职业教育受教育者个性化、差异化、品质化需求,持续扩大优质职业教育服务供给。其中,既要稳步发展职业本科教育,也要发挥高等职业教育的骨干作用,并夯实中等职业教育的基础地位,重视培训体系建设,开展高质量培训。与此同时,一方面,加快推进职业教育国家"学分银行"建设,制定符合国情的国家资历框架,实现学习成果的认定、积累和转换,更好地将职业教育与普通教育特别是基础教育相衔接;另一方面,将职业教育与基础教育、继续教育、终身教育相融合,把职业启蒙与培养、社区教育作为突破口加以推进。

(三)提高技术技能人才培养质量

进入 21 世纪后,我国经济结构调整和产业转型升级步伐加快,劳动力市场的结构性矛盾在短时间内集中爆发,"技工荒"现象是最明显的表征,"技工荒"与"低技术陷阱"的发展困境并存,即劳动报酬越低,就越难留住技术技能人才,企业也越难提升自身的技术技能积累水平,为降低生产成本,雇用大量廉价劳动力,甚至不惜用打价格战的方式进行竞争,高素质技术技能人才短缺严重影响高质量发展。

在"中国制造"向"中国创造"转变、人力资源大国向人力资源强国转变的背景下,职业教育被赋予新的历史使命和社会责任,高素质技术技能人才是职业教育的人才培养目标。人才质量最终是通过学生专业知识、技能、技术、素质、情意等的发展变化来体现,影响技术技能形成的因素是多元的,包括敬业精神、职业兴趣、实践锻炼、教学方式、智力悟性和行为反思等方面。而人才培养模式的具体要素包括培养目标、专业设置、课程体系、教学方式、评价模式、保障机制等方面,这就需要对高素质技术技能人才的学理基础、培养方案、机制保障等方面开展系统深入研究,全面把握技术技能型人才培养的目标定位、专业设置和课程开发原则。职业教育的发展源于对技术与技能的培训,重在培养学生的动手能力。作为最早的职业教育形式之一,学徒制以技能教育为中心,强调直接经验的获得,因此,要在总结现代学徒制和企业新型学徒制的基础上,探索中国特色学徒制,为行业企业培养高素质技术技能人才,育成更多能工巧匠、大国工匠。

(四)激发职业院校办学活力

办学活力一般体现在理念、目标、层次、类型、专业、教学、布局、运作、管理和规模等多个方面,每个方面都有一定的选择范围和空间。进入21世纪以来,随着我国职业教育的快速发展,产教融合、校企合作作为核心议题自然而然浮现出来,并逐渐成为激发职业院校办学活力的基本路径。从"产学研结合"到"产教结合"再到"产教融合",这些概念尽管在表述上有所差异,但均在传播一种共同的理念,即教育与社会的结合。产业和教育,本身有着千丝万缕的联系,产业是孕育教育的温床,教育是促进产业的动力,无论是教育端,还是产业端,均强调学校与社会的结合,反对孤立地就教育论教育,就产业论产业,因此双方都对产教融合有着深深的期待。一方面,所开设专业需要适应当地经济发展以及产业结构情况,另一方面培养的人才也要有利于推进区域经济的发展和产业结构优化升级、制造业服务化的有效发展、供给侧结构性改革的实现。校企合作是职业教育办学的基本特征,被喻为理解职业教育的一把钥匙。但受传统的体制机制因素制约,行业企业参与职业院校办学和人才培养的动力不足,缺乏相应的激励政策,导致职业教育人才培养供给侧和产业需求侧在结构、质量、水平上还不能完全适应。特别是多数职业院校是在脱离行业主管部门的情况下办学,社会力量参与支持不够在很大程度上使产业与教育深度融合受到影响,校企合作存在"一头热""独角戏"等问题,校企协同、实践育人的人才培养模式在微观层面也尚未形成,导致职业教育发展面临着一定的制约。在深入实施创新驱动发展战略、加快发展壮大现代产业体系的背景下,深化校企合作成为职业院校推进人才培养供给侧结构性改革的迫切任务和提升职业院校办学水平和人才培养质量的驱动力量。

（五）增强职业教育的适应性

提升人力资本水平和人的全面发展能力是建设高质量教育体系的根本宗旨。要更好地服务经济社会发展和人的全面发展，职业教育必须适应技术进步和生产方式变革以及社会公共服务的需要。当前职业教育还不能完全适应经济社会发展的需要，结构不尽合理，质量有待提高，办学条件薄弱，体制机制不畅。为此，职业教育要长入经济、汇入生活、融入文化、渗入人心、进入议程，推动专业设置与产业需求对接，课程内容与职业标准对接，教学过程与生产过程对接，毕业证书与职业资格证书对接，职业教育与终身学习对接。职业教育以服务发展为宗旨，以促进就业为导向，增强职业教育的适应性，更好地服务于现代产业体系的发展。[5]《中华人民共和国国民经济和社会发展第十四个五年规划和 2035 年远景目标纲要》提出，构建实体经济、科技创新、现代金融、人力资源协同发展的现代产业体系。现实中，高素质技术技能人才的短缺或供给不足在一定程度上影响了现代产业体系的形成。因此，要深入实施制造强国战略、发展壮大战略性新兴产业、促进服务业繁荣发展。尤其是在推动职业优化升级过程中，要适应新技术、新业态、新模式发展需要，推动生产性服务业向专业化和价值链高端延伸，则亟须发展技能密集型产业，建设一大批公共实训基地、产教融合基地、示范性职业教育集团，打造技术技能协同创新服务平台，并广泛开展新技术、新业态、新模式职业技能培训，有效提高职业教育助力现代产业体系发展的能力和水平。就业是最大的民生，而职业教育以促进就业为导向，体现在办学模式、人才培养模式、教育教学模式等方面，均是为了实现学生就业有能力的目标，因此，增强职业教育适应性与以就业为导向本质上是统一的。通过建立行业人力资源需求预测和就业状况定期发布制度，健全终身技能培训制度，持续大规模开展职业技能培训，服务技能型社会建设。

(六)提升职业教育的社会吸引力

当前不可否认的事实是,职业教育仍是我国教育发展中的一块短板,社会认同度不够、吸引力不足的问题依然存在,这导致职业教育在我国教育生态中处于边缘地位,而这种地位又强化了人们对职业教育发展的社会心理及行为制约。让人感到欣慰的是,近年来出现的一些令人鼓舞的状况使得社会对职业教育发展开始形成一种共识。随着"大众创业、万众创新"在我国的深入开展,有活力的初创企业与成熟的企业之间、社会公众与职业教育之间的联系将更加紧密,通过与社会公众的互动提升认同度,增强吸引力,这是推动现代职业教育高质量发展的重要一环。要从法律层面明确职业教育与普通教育之间是相互支持、相互补充的关系,高素质技术技能人才应与普通高等教育培养的学术和技术研发型人才处于同层次且等价的地位,建立与普通教育等值的职业教育体系,完善学历教育与培训并重的现代职业教育体系,畅通技术技能人才成长渠道。积极推动职业院校毕业生在落户、就业、参加机关事业单位招聘、职称评审、职级晋升等方面与普通高校毕业生享受同等待遇。逐步转变目前社会上轻视职业教育的传统观念,大力宣传优秀一线技能人才的社会贡献,在理念上崇尚一技之长,不简单唯学历、唯文凭,在全社会营造重视技能的氛围,营造职业教育发展的良好社会环境。

三、职业教育高质量发展的关键问题

(一)正确处理职普关系,强化职业教育类型特色

强化职业教育类型特色对于提升职业教育在国民经济和社会发展中的地位、深化职业教育教学改革、营造全社会关心支持职业教育

的良好氛围起着重要的引领和推动作用。《国家职业教育改革实施方案》提出,经过5—10年时间,职业教育基本完成由政府举办为主向政府统筹管理、社会多元办学的格局转变,由追求规模扩张向提高质量转变,由参照普通教育办学模式向企业社会参与、专业特色鲜明的类型教育转变。可以说,"三个转变"特别是由参照普通教育办学模式向企业社会参与、专业特色鲜明的类型教育转变,抓住了正确处理职普关系这一职业教育高质量发展的关键。近年来,政府、行业和院校针对长期以来"单纯的学历教育"或"简单的技能教学"两个倾向,坚持目标导向和问题导向,提出了一系列解决长期制约职业教育类型定位和类型特色的体制机制难题的办法,实践中,职业教育已经成为我国教育体系中不可替代的一种教育类型。正确处理职普关系主要包括高中阶段中等职业教育与普通高中的协调和高中后高等职业教育与普通本科的协调。当前,中职分流等问题意见分歧较大,需要认真研究,对高等职业教育的内涵、口径等问题也有不同理解,我们需要认真研究,并慎重做出决策。职教高考制度是一个比较敏感的问题,我们提倡了好多年,但实施起来很难,原因在于它的组织形式、层级、范围、封闭还是开放等问题比较难以掌握,既要讲公信力,又要注重成本,还要防范风险。中国特色职业教育理论研究更是一个大课题,我们如何正确处理好学习借鉴、自成一家与中国特色之间的关系,尤其是在推进特色职业教育现代化的进程中,如何尽快形成与世界上最大规模相匹配的职教模式,需要自下而上与自上而下的探索,需要实践的积累和理论的提升。[6]

(二)正确处理产教关系,完善产教融合办学体制

产教融合是职业教育办学的本质特征,产教关系是职业教育与经济社会间的基本关系。从职业教育高质量发展要求出发,正确处理产教关系。一是要优化职业教育结构,要强调围绕国家战略、紧密对接产

业升级和新技术变革在专业设置、专业结构优化方面积极推进。同时通过省部共建、区域合作等积极推动,尤其强调面向农村办好职业教育。二是要健全多元办学格局,强调构建政府统筹管理、行业企业积极举办、社会力量深度参与的办学格局,既鼓励国有企业独立办学和参与办学,也鼓励学校与社会资本合作办学、共建共享。三是要协同推进产教深度融合,总体而言,要继续贯彻国务院办公厅《国务院办公厅关于深化产教融合的若干意见》精神,大力推进产教融合型城市、产教融合型企业试点,对产教融合型企业在"金融+财政+土地+信用"方面提供相应的政策支持。

(三)正确处理校企关系,创新校企合作办学体制

校企合作办学或校企双主体办学是职业教育的主要特征和重要优势,也是职业教育实现高质量发展的关键。与学校相比,企业是一个更真实、复杂、不确定因素更多的环境,也是一个技术工人真正形成的地方,生产性实训有利于增进对所学专业和行业、企业文化的了解、认知。正确处理校企关系,一是要丰富职业学校办学形态,职业学校与企业开展多边合作,共建共享技术创新平台、专业化技术转移机构和大学科技园、科技企业孵化器、众创空间等,同时推动共建共管产业学院、互设培训基地等。二是要拓展校企合作形式内容,职业学校要主动谋求或吸纳对人才培养全过程的参与,同时鼓励龙头企业,建立职教集团,探索中国特色学徒制办学等,鼓励多形式、多渠道校企深度合作。三是要优化校企合作环境,金融机构对校企合作的支持,国家收入分配政策及绩效工资对校企合作的支持,营造一个有利于校企合作的良好生态和环境。

(四)正确处理教学关系,深化教育教学改革

深化教育教学改革,是推动职业教育高质量发展的微观基础。正

确处理教学关系,一是要深化双师型教师队伍建设,深入贯彻《国家职业教育改革实施方案》和教育部等四部门印发的《深化新时代职业教育"双师型"教师队伍建设改革实施方案》,把教育部、各省市已立项的职业教育教师教学创新团队项目建设好。[7]二是要创新教学模式与方法,适应职业教育、学习者、当今信息化技术背景的特点,创新教学模式、探索"岗课赛证"综合育人。三是要改进教学内容与教材,抓实抓好课程开发、实训体系构建、职业等级技能证书考取、教材建设等工作。四是要完善质量保证体系,健全教师、课程教材、教学、实习实训、信息化等国家职业标准建设,做好教学工作诊断与改进制度建设,完善教学督导评估办法,健全国家、省、学校质量年报制度等。[8]

(五)正确处理内外关系,形成职业教育发展合力

正确处理职业教育内外关系既包括处理好职业教育自身发展与社会环境营造改善的关系,也包括处理好打造中国特色职教品牌与推动职业教育走出去的关系。[9]一是要在构建现代产业体系、加快产业工人队伍建设的当下,聚焦提高办学质量和人才培养水平,引导学生扎实学知识、练绝活,培育一支适应现代产业体系要求、数量充足、结构优良、技术精湛的工匠队伍,同时,弘扬"劳动光荣、技能宝贵、创造伟大"的社会风尚,深入开展"大国工匠进校园"等活动,宣传展示大国工匠、能工巧匠和高素质劳动者的事迹和形象,培育和传承好工匠精神,激励更多劳动者特别是青年一代走技能成才、技能报国之路。二是加强与联合国教科文组织等国际组织和国外高水平学校合作,打造高水平国际办学项目,提升中外合作办学水平,拓展中外合作交流平台。同时,响应"一带一路"倡议,推动职业教育伴随中国企业走出去,探索"中文+职业技能"的国际化发展模式,完善鲁班工坊标准等模式,更好服务国际产能合作,彰显我国作为大国在构建人类命运共同体方面的责任和担当。

参考文献

[1] 高培勇.理解、把握和推动经济高质量发展[J].经济学动态,2019(8):3-9.

[2] 杨耀武,张平.中国经济高质量发展的逻辑、测度与治理[J].经济研究,2021(1):26-42.

[3] 张鹏,张平,袁富华.中国就业系统的演进、摩擦与转型:劳动力市场微观实证与体制分析[J].经济研究,2019(12):4-20.

[4] 中共中央宣传部.习近平新时代中国特色社会主义思想学习纲要[M].北京:人民出版社,2019:41.

[5] 李玉静,荣国丞.高等职业教育高质量发展报告——基础与方向[J].职业技术教育,2021(36):7-16.

[6] 周建松.以创新性研究引领中国特色高水平高职学校建设[J].职业技术教育,2020(4):6-10.

[7] 陈正江."双高计划"下高职教育高质量发展的战略导向与推进策略[J].职业技术教育,2020(16):12-17.

[8] 周建松,陈正江.基于"双高"绩效管理的高职教育高质量发展研究[J].江苏高教,2021(11):28-32.

[9] 周建松,陈正江.新时代中国特色高等职业教育的内涵与发展路径[J].中国高教研究,2019(4):98-102.

（本文发表于《职业技术教育》2022年第4期）

以"五个坚持"为基点推动职业教育高质量发展

周建松　　陈正江

党的十八大以来,党和国家高度重视和积极推动职业教育改革发展,习近平总书记于 2014 年、2021 年两次专门就职业教育工作作出重要指示,国务院分别于 2014 年和 2019 年印发《国务院关于加快发展现代职业教育的决定》和《国家职业教育改革实施方案》,教育部等六部门和教育部等九部门分别于 2014 年和 2020 年印发《现代职业教育体系建设规划(2014—2020 年)》和《职业教育提质培优行动计划(2020—2023 年)》,特别是 2021 年全国职业教育大会的召开及中共中央办公厅、国务院办公厅《关于推动现代职业教育高质量发展的意见》(以下"意见")的印发,将坚持立德树人、德技并修,坚持产教融合、校企合作,坚持面向市场、促进就业,坚持面向实践、强化能力,坚持面向人人、因材施教(以下简称"五个坚持")作为推动现代职业教育高质量发展的工作要求。深化对"五个坚持"的理解和研究是推动我国职业教育高质量发展的前提和基础,本文重点围绕"五个坚持"的形成背景与基本内涵、主要特征与价值意蕴展开分析,并以此为基点,构建职业教育高质量发展的实现机制。

一、"五个坚持"的基本内涵与形成背景

(一)"五个坚持"的基本内涵

"五个坚持"即坚持立德树人、德技并修,推动思想政治教育与技术技能培养融合统一;坚持产教融合、校企合作,推动形成产教良性互动、

校企优势互补的发展格局;坚持面向市场、促进就业,推动学校布局、专业设置、人才培养与市场需求相对接;坚持面向实践、强化能力,让更多青年凭借一技之长实现人生价值;坚持面向人人、因材施教,营造人人努力成才、人人皆可成才、人人尽展其才的良好环境。这是中共中央办公厅、国务院办公厅印发的《关于推动现代职业教育高质量发展的意见》提出的工作要求,也是推动现代职业教育高质量发展的基本原则。

(二)"五个坚持"的形成背景

"五个坚持"是在立足新发展阶段、贯彻新发展理念、构建新发展格局的背景中形成的。

1.立足新发展阶段的必然要求。党的十九大指出,我国经济已由高速增长阶段转向高质量发展阶段,现阶段我国社会的主要矛盾是人民日益增长的美好生活需要和不平衡不充分的发展之间的矛盾。中国式现代化在本质上即在高质量发展中形成需求牵引供给、供给创造需求的更高水平动态平衡。职业教育与经济社会发展有着紧密的联系,随着我国产业升级和经济结构调整不断加快,各行各业对技术技能人才的需求越来越紧迫,迫切需要通过高质量的职业教育,使劳动者能有效适应以知识生产配置为核心的产业转型升级,在技能积累中获得效率补偿。

2.贯彻新发展理念的核心问题。高质量发展是贯彻新发展理念的发展,是体现创新成为第一动力、协调成为内生特点、绿色成为普遍形态、开放成为必由之路、共享成为根本目的的发展。贯彻新发展理念就是以质量和效益取代规模和速度,培育经济增长的新动能,实现以劳动生产率提升为重要特征的效率驱动型高质量发展。人的发展是更高层次、更广维度的普适性发展。尽管我国劳动年龄人口总量有减少的趋势,但我国人力资源丰富,由人口文化素质和健康水平提升带来的"人才红利"仍是推动我国经济高质量发展和社会进步的重要基础。

深化职普融通,优化人才培养体系结构是长期有目的技术技能积累,不断提升人口质量、社会质量和制度质量的基础性工作,是释放"人才红利""技能红利"的关键。

3. 构建新发展格局的基础工作。习近平总书记指出:"构建新发展格局是与时俱进提升我国经济发展水平的战略抉择,也是塑造我国国际经济合作和竞争优势的战略抉择。"[1]加快构建以国内大循环为主体、国内国际双循环相互促进的新发展格局表面上看是发展问题,但其本质是改革问题。习近平总书记指出:"要优化同新发展格局相适应的教育结构、学科专业结构、人才培养结构。"[2]职业教育与普通教育是教育体系中的两大类型,两者之间的融合与流动对教育结构优化具有决定性作用,能够优化我国人次培养体系结构,进而会对整个经济社会的人力资本供给具有重要影响。从我国高质量发展阶段构建新发展格局的现实需求出发,加快改进我国劳动者素质与产业结构转型升级需求不匹配的问题,有效提升劳动者素质技能,必须加大技术技能人才培养的力度,推动职业教育高质量发展。

二、"五个坚持"的主要特征与价值意蕴

"五个坚持"体现出系统性、适应性和包容性的主要特征,其既是中国特色职业教育发展的经验总结,也是落实习近平总书记重要指示的具体抓手,更是推动职业教育高质量发展的工作要求。

(一)"五个坚持"的主要特征

1. 系统性。党的十九大报告指出,我国经济已由高速增长阶段转向高质量发展阶段。系统观念是推动经济社会发展的基础性思想和工作方法。[3]职业教育是惠及人口最广泛、经济社会效益最直接的教育类型。职业教育一头连着教育,一头连着经济,优化职业教育类型定位

不仅是教育问题,也与经济工作和社会发展有着直接而密切的联系,职业教育既体现着内在的教育性,也体现着外部的经济性。系统的性质和功能不仅取决于要素的性质和功能,还取决于要素之间的互动。[4]针对不同受教育者群体多层次、多样化的需求,职业教育与基础教育、高等教育、继续教育、终身教育形成了重要的联系。随着我国产业升级和经济结构调整不断加快,各行各业对技术技能人才的需求越来越迫切,职业教育重要地位和作用越来越凸显,迫切需要通过高质量的职业教育,使劳动者能有效适应以知识生产配置为核心的产业转型升级。中共中央、国务院印发的《中国教育现代化 2035》提出,到 2035年,推动我国成为学习大国、人力资源强国和人才强国,这就需要牢牢把握人才整体性和层次性的需求。在这个意义上,"五个坚持"是运用系统观念和动态思维来谋划推动职业教育高质量发展的基本方法论。

2.适应性。在中国特色社会主义新时代,我国社会的主要矛盾已经转变为人民群众日益增长的美好生活需要和不平衡不充分的发展之间的矛盾。虽然我国已经建成了世界上规模最大的职业教育体系,但职业教育领域发展不平衡不充分的问题十分突出,与建设现代化经济体系、建设教育强国、办人民满意教育的要求相比,我国职业教育还存在着类型定位不够优化、体系建设不够完善、制度标准不够健全、办学和人才培养质量水平参差不齐、社会参与办学的动力不足、适应性不强、社会吸引力不强、有利于技术技能人才成长的配套政策尚待完善等问题。经济发展是分阶段的,不同阶段对应不同的需求结构、产业结构和技术体系。随着我国进入新的发展阶段,经济结构进一步优化,产业升级不断加快。新一轮科技革命正在塑造新的产业形态,智能制造、大数据、物联网等新技术的广泛应用对工作内容产生了深刻而长远的影响,从我国产业发展看,到 2025 年技能型人才缺口率将达48%,技术蓝领缺口更是高达 3000 万人,迫切要求增强职业教育在服务产业转型升级、服务地方经济社会发展方面的适应性。

3.包容性。当今世界正在努力寻求更具包容性的经济发展方式，因为受教育程度低和技能水平低不仅与收入和就业相关，而且也和许多其他社会结果相关。[5]技能开发是让青年人能够顺利过渡到工作的一个主要手段，2014年，经济发展与合作组织（OECD）发布《教育概览》，报告的主题即是"为了包容性增长的教育与技能"。报告特别指出，教育和技能是实现未来幸福的关键所在，并对恢复长期经济增长、降低失业率、提升国家竞争力、培养更具包容性及更有凝聚力的人才至关重要。2021年召开的全国职业教育大会提出要建设技能型社会，《意见》明确提出，要启动实施技能型社会职业教育体系建设地方试点，办好全国职业院校技能大赛，全方位践行世界技能组织2025战略等具体举措。这些都是以人为本理念、以人民为中心的发展思想在职业教育领域的具体体现，让广大青年能够享受到公平而有质量的教育和培训，通过发展技能，实现高质量就业，使他们凭借一技之长实现人生价值，为他们人生出彩搭建平台和舞台，在改变个人命运的同时，也能惠及家庭和整个社群乃至社会，这也是促进人的全面发展、实现共同富裕的应有之义。

（二）"五个坚持"的价值意蕴

1.是中国特色职业教育发展的经验总结。改革开放以来，我国职业教育主动回应经济社会发展需求，扎根中国大地，持续探索实践，实现了从无到有、从小到大的快速发展，为我国经济社会发展提供了有力的人才和智力支撑，现代职业教育体系框架全面建成，服务经济社会发展能力和社会吸引力不断增强，具备了基本实现现代化的诸多有利条件和良好工作基础。进入21世纪后，我国职业院校数、在校生人数和毕业生人数持续增长，职业教育在优化教育结构方面的作用进一步凸显，逐步形成自身具有历史渊源和时代特征的类型特色。[6]教育是一个持续进行的过程，职业教育尤其注重技术技能的积累，在人才培养实践中更需持续进行。职业教育立足"培养什么人""怎样培养人"等根本问题,要把职业技能等级证书所体现的先进标准融入人才培养方案,支持行业企业开展技术技能人才培养培训,推动学校布局、专业设置、人才培养与市场需求对接。在这一过程中,"五个坚持"可谓是中国特色职业教育发展的基本经验。

2.是落实习近平总书记重要指示的具体抓手。2021年的重要指示强调,在全面建设社会主义现代化国家新征程中,职业教育前途广阔、大有可为。要坚持党的领导,坚持正确办学方向,坚持立德树人,优化职业教育类型定位,深化产教融合、校企合作,深入推进育人方式、办学模式、管理体制、保障机制改革,稳步发展职业本科教育,建设一批高水平职业院校和专业,推动职普融通,增强职业教育适应性,加快构建现代职业教育体系,培养更多高素质技术技能人才、能工巧匠、大国工匠。各级党委和政府要加大制度创新、政策供给、投入力度,弘扬工匠精神,提高技术技能人才社会地位,为全面建设社会主义现代化国家、实现中华民族伟大复兴的中国梦提供有力人才和技能支撑,为高职教育高质量发展指明了方向。因此,我们要正视职业教育发展中的问题,公正、透明、谨慎地引导舆论和公众心理,并利用政策需求最强烈、政策供给激励最具相容性的有利时机,构建推动现代职业教育发展的政策体系。[7]

3.是推动职业教育高质量发展的工作要求。高质量发展是新时代我国职业教育的第一要务和永恒主题,随着对教育发展阶段做出准确判断,"五个坚持"为推动职业教育高质量发展提供了改革路径。[8]《意见》指出:到2025年,职业教育类型特色更加鲜明,现代职业教育体系基本建成,技能型社会建设全面推进;到2035年职业教育整体水平进入世界前列,技能型社会基本建成。职业教育的主要目标,在强化职业教育类型特色、完善产教融合办学体制、创新校企合作办学机制、深化教育教学改革、打造中国特色职业教育品牌、组织实施等方面,围绕巩固职业教育类型定位、优化职业教育供给结构、丰富职业学校办学形态、强化双师型教师队伍建设、推动职业教育走出去、加强组织领导等内容作出具体要求。这是贯彻落实全国职业教育大会精神、推动职业教育高质量发展的工作要求。

三、以"五个坚持"为基点,推动职业教育高质量发展

职业教育高质量发展必须正确把握三个前提。这三个前提就是坚持党的领导、坚持正确的办学方向、坚持立德树人。坚持党的领导是根本前提,中国共产党的领导是中国特色社会主义的本质特征和显著优势,我们一定要坚持并不断加强,而且特别重要的是,党的领导是全面领导。坚持社会主义方向,更是我们办好职业教育的指导方针,是扎根中国大地、服务国家大局和区域经济发展的战略。坚持立德树人是培养德智体美劳全面发展的中国特色社会主义建设者和接班人。这是职业教育办学治校的基本要求,更是职业教育高质量发展的根本要求。

(一)坚持立德树人、德技并修,推动思想政治教育与技术技能培养融合统一

立德树人解决"培养什么人、怎样培养人、为谁培养人"这一根本问题,这既是中华优秀教育传统的核心理念,也是新时代职业教育的根本任务。中华优秀传统文化强调个人道德修养与治国平天下有机结合、成人与成才相辅相成的教化实质,这种教化具有强大的生命力和感召力。德技并修即把立德树人融入思想道德教育、文化知识教育、社会实践教育各环节,将培育和践行社会主义核心价值观贯穿人才培养全过程,以专业建设为龙头带动课程这个立德树人主要载体建设,进而发挥课堂作为立德树人主阵地和主渠道的作用,并通过素质教育夯实立德树人基础,重视文化建设在立德树人中功能与效应的内化与彰显。坚持立德树人、德技并修必须培育和践行社会主义核心价值观,切

实增强对习近平新时代中国特色社会主义思想的理念认同、思想认同和情感认同,坚持把德育放在首位,同时做到德技并修、育训结合,特别是要把思想政治教育与技术技能培养融合统一,当前特别要办好思想政治理论课,全面推进课程思政建设。[9]

(二)坚持产教融合、校企合作,推动形成产教良性互动、校企优势互补的发展格局

产业和教育,本身有着千丝万缕的联系,产业是孕育教育的温床,教育是促进产业的动力,无论是教育端,还是产业端,均强调学校与社会的结合,反对孤立地就教育论教育,就产业论产业。产教融合、校企合作是打通中国职业教育发展的任督二脉。坚持产教融合、校企合作,实际上就是要坚持并发展职业教育的跨界属性,正确处理好产教关系、校企关系,积极倡导和全面推动双主体办学,实施专业对接产业、课程对接岗位、教学过程对接生产经营过程,真正推动产教良性互动,校企优势互补。实践中如深圳"率先建立职业教育产教深度融合模式"——以学生学习成效为导向,推进产教融合、职普融合、理实融合、教育与生活融合、技术与文化融合、现代信息技术与教学融合等"六融合";联合企业建设一批特色产业学院,实施共同建设高水平专业、共同开发课程标准、共同打造师资团队、共同设立研发中心、共同开发高端认证证书、共同"走出去"等"六个共同",探索形成了适合中国国情的发展格局和育人方式。

(三)坚持面向市场、促进就业,推动学校布局、专业设置、人才培养与市场需求对接

随着我国经济进入新发展阶段,产业升级和经济结构调整不断加快,各行各业对技术技能人才的需求越来越迫切,职业教育重要地位和作用越来越凸显。职业教育是与市场联系最为紧密,市场适应性最

强、市场灵敏度最高的教育,促进就业创业也是其最为本质的职能之一。在推动现代职业教育高质量发展、加快壮大现代产业体系的背景下,就业是最大的民生。以服务发展、促进就业为宗旨的职业教育,在畅通国内大循环、打造开放的国内国际双循环的新发展格局下,将人力资本投入和就业紧密联系在一起。坚持面向市场、促进就业,培养能够适应就业市场需要的人也是职业教育的基本要求。职业教育是近现代工业化的产物,专业源于产业,因此,职业教育专业目录必须对接现代产业体系,根据产业发展及时调整更新,才能更好地服务产业基础高级化、产业链现代化。在从工业社会向信息化社会转型的过程中,传统的工作形式及对工作的准备过程发生了变化,这既对劳动者从体力劳动技能转向脑力劳动技能提出了新要求,也为职业教育落实就业优先政策,推进高质量发展创造了新需求。尽管在新的历史条件下,职业教育的某些内容有具体调整,但仍应按照市场需求办好职业教育,据此推动职业教育学校布局、专业设置、人才培养与市场有机衔接。2021 年 3 月,教育部印发了全面修订后的《职业教育专业目录(2021 年)》,就是推进职业教育供给侧结构性改革,提高职业教育适应性的重要举措。

(四)坚持面向实践、强化能力,让更多青年凭借一技之长实现人生价值

职业教育的育人目标是弘扬工匠精神,培养更多高素质技术技能人才、能工巧匠、大国工匠,为全面建设社会主义现代化国家提供有力人才和技能支撑。面向实践、强化能力是职业院校推进人才培养供给侧结构性改革的迫切任务,是提升职业院校办学水平和人才培养质量的重要驱动力量。一方面,所开设专业需要适应当地经济发展以及产业结构情况,另一方面,培养的人才也要有利于推进区域经济的发展和产业结构优化升级、制造业服务化的有效发展、供给侧结构性改革的实现均要求有相应的技术技能人才作为保障。当前,我国共有职业学校 8812 万所,在校生 2734.89 万人,建成了世界规模最大的职业教育体系,培养了一大批支撑经济社会发展的技术技能人才。职业教育,为青年人生出彩搭建平台和舞台,使这个群体的人们通过体面的工作获得人生的尊严与价值,在改变个人命运的同时,惠及整个家庭。坚持面向实践、强化能力是育成技术技能人才最直接的和基本的途径,能工巧匠、大国工匠则是更高的要求和我们长期更高层次的追求,其中重要的路径是必须弘扬工匠精神,直接的方向是为全面建设社会主义现代化国家提供有力人才和技能支撑。职业教育既是特色鲜明的类型教育,也是面向市场的就业教育,更是培养能力的实践教育,尤其是推进技能型社会建设进程中,职业教育不可或缺,大有可为。因此,我们在教育培养过程中,一定要瞄准能力、突出技能,让更多职教人以一技之长走向职场、实现人生价值。

(五)坚持面向人人、因材施教,营造人人努力成才、人人皆可成才、人人尽展其才的良好环境

我国《宪法》《教育法》都规定,受教育权是一项公民权。早在 2007 年召开的全国人大会议上,时任国务院总理温家宝在《政府工作报告》中指出:"要把发展职业教育放在更加突出的位置,使教育真正成为面向全社会的教育,这是一项重大变革和历史任务。"当今世界正在努力寻求更加包容性的经济发展方式,受教育程度低和技能水平低不仅与收入和就业相关,而且也和许多其他社会结果相关。教育和技能是实现未来幸福的关键所在,并对恢复长期经济增长、降低失业率、提升国家竞争力、培养更具包容性及更有凝聚力的人才至关重要。职业教育既与大众化普及化密切相关,更与每个人直接相联,我们一定要站在全面、终身教育的视角,努力在营造人人努力成才、人人皆可成才、人人尽展其才上下功夫、见成效,推动职业教育高质量发展目标的圆满实现。坚持面向人人、因材施教就要深入推进四大改革,即育人方式改革、办学模式改革、管理体制改革、保障机制改革。育人方式改革要更多地动员行业企业参与育人,充分利用行业企资源创新育人方式,尤其是双师型教师和双师结构教育教学团队。办学模式改革则主要鼓励社会力量参与,尤其是在政府统筹下形成社会各方力量参与举办职业教育的积极性,真正实现产教融合、校企合作、双元办学。管理体制改革则强调宏观上的统筹如国务院职业教育联席会议协调机制,省级层面政府主责机制,给予学校更多的办学自主权等。保障机制改革,主要是地方党委政府领导的加强,经费保障的落实,特别是"放管服"的推进等。

参考文献

[1][2]新发展阶段贯彻新发展理念必然要求构建新发展格局——习近平同志在中共十九届五中全会第二次全体会议上的讲话[Z]. 2020-10-29.

[3]中国共产党第十九届中央委员会第五次全体会议文件汇编[M].北京:人民出版社,2020:86.

[4]中共中央宣传部理论局.马克思主义哲学十讲[M].北京:党建读物出版社,2013:64.

[5]周建松,陈正江.高职百万扩招的战略意义与实现路径——基于全纳教育视角的分析[J].江苏高教,2020(2):113-119.

[6]周建松,陈正江.新时代中国特色高等职业教育的内涵与发展路径[J].中国高教研究,2019(4):98-102.

[7]周建松,陈正江.我国高等职业教育政策的演进:基于1996—2016年三个重大事件的分析[J].中国人民大学教育学刊,2016(4):41-50.

[8]周建松、陈正江.职业教育高质量发展:背景、目标与关键[J].职业技术教育,2022(4):6-10.

[9]周建松.系统构建立德树人德技并修人才培养体系[N].中国教育报,2021-11-16(5).

编后记

党的十八大以来,以习近平同志为核心的党中央高度重视教育事业特别是职业教育的发展,习近平总书记曾两次就职业教育发展做出重要指示,党中央、国务院多次召开会议做出重要部署,国家出台多项重要政策,推动职业教育发展。党的十九大以后,党中央、国务院明确要在职业教育领域"打一场翻身仗",国务院印发《国家职业教育改革实施方案》,教育部等九部门出台《职业教育提质培优行动计划(2020—2023年)》(教职成〔2020〕7号),中办、国办印发《关于推动职业教育高质量发展的意见》(中办发〔2021〕43号),为职业教育发展进一步指明了方向,特别是习近平总书记于2021年为职业教育所作的指示,为社会主义现代化新征程中职业教育的发展提供了基本遵循。

应该说,党的十九大以后关于职业教育发展的三个重要文件,各有侧重,但核心思想是职业教育的改革创新、提质培优和高质量发展,需要我们深入学习研究和认真贯彻落实,正如陈子季司长在今年工作新闻发布会上所言,今年的工作重点是抓好提高质量、提升形象两项任务,抓好三个文件贯彻落实,推进五项突破性改革,其中讲到的三个文件,就是我们前述的三个文件。

关于《国家职业教育改革实施方案》及其配套文件的学习贯彻,我们已经组织编撰了《学习贯彻〈国家职业教育改革实施方案〉》一书(周建松、郑亚莉主编,浙江工商大学出版社2020年5月出版);关于《职业教育提质培优行动计划(2020—2023年)》的学习贯彻,我们也已经组织编撰了《〈职业教育提质培优行动计划(2020—2023年)〉实施指南》一书(周建松主编,浙江工商大学出版社2021年7月出版)。

作为三个文件即三部曲的第三本读本《学习贯彻〈关于推动现代

职业教育高质量发展的意见〉》,在同志们的共同努力下,现在已顺利完成,这是集体智慧的结晶,周建松和郑亚莉、王琦、陈正江同志商定框架结构和内容,本书主要包括三个部分:第一编是文件及职成司负责同志答记者问;第二编是我和陈正江组织七位教师撰写的学习理解;第三编收录我们的相关文章,旨在帮助大家更好地理解党和国家关于职业教育高质量发展的政策要求,为切实推动职业教育更加健康、更高质量、更优水平的发展提供指导和帮助。

由于我们水平有限,选编不一定合理、编撰质量不一定理想,敬请批评指正。

周建松　　陈正江

2022 年 2 月 28 日